RER MON AMOUR

Anne-Louise Sautreuil

RER mon amour

Un an sur les rails

Fayard

Ce livre est édité sous la direction de José-Alain Fralon.

ISBN : 978-2-213-65489-8

Couverture : conception graphique © Stéphanie Roujol
Illustration © Jean-François Gleyze

La première fois qu'Aurélien vit Bérénice,
il la trouva franchement laide.

Louis Aragon, *Aurélien*

À Lorenzo

À Anne et Jean-Louis

AUTOMNE

La vieille dame en bleu lavande

Bourg-la-Reine, mardi 6 octobre

Si elle monte, je monte ! Le RER B arrive à Denfert-Rochereau. La lumière de cette fin d'après-midi joue sur les murs au carrelage orangé, les piliers métalliques et les quais, tantôt couverts, tantôt découverts, de la plus ancienne des gares en service de Paris. Les voyageurs se pressent pour monter. Légère dans son imperméable bleu lavande, un gobelet de café à la main, une canne dans l'autre, une vieille dame avance à pas de fourmi vers la voiture. L'air paisible et insouciant derrière ses petites lunettes carrées, elle semble confier son embarquement au hasard. Si le train l'attend, tant mieux… Sinon, elle prendra le suivant et finira tranquillement son café.

Je la regarde et j'ai l'impression que nous sommes ici les deux seules personnes, comment dire… sans impatience. Toujours sans se presser, elle parvient à monter dans un wagon. Immédiatement, je lui emboîte le pas. Le signal sonore retentit. La machine tremblote et se met en marche. Cap sur Robinson.

Il n'y a pas grand monde dans notre voiture. La vieille dame, assise dans le sens de la marche, tient sa canne droite à côté d'elle. De courtes boucles grises et humides s'échappent de son chapeau en plastique ruisselant de pluie et collent à son front. Je m'approche délicatement, mon plus beau sourire aux lèvres. Surtout ne pas l'effaroucher ! Si elle accepte de faire un bout de chemin avec moi, de m'ouvrir les portes de sa « bulle » de voyageuse du RER, alors, ensemble, nous allons peut-être vivre les prémices du pari un peu fou que je me suis lancé : passer un an dans le RER, prendre tous les jours un ou plusieurs trains, parcourir des milliers de kilomètres, faire autant de tours et de détours sans itinéraires préconçus, découvrir les histoires qui se cachent peut-être là, dans cet espace qu'empruntent chaque jour des millions d'usagers.

Avant de commencer, j'ai souvent contemplé le plan du réseau, étrange toile d'araignée avec ses lignes colorées : A rouge, B bleue, C jaune, D verte, E mauve… J'allais peut-être passer, une ou plusieurs fois, dans ces 242 gares aux noms fleuris qui égrèneront mes voyages : Fontaine-Michalon, Noisiel, Lieusaint-Moissy, Chaville-Vélizy, Achères - Grand-Cormier, Étréchy… Plus de 600 kilomètres de voies ferrées, du Clichy de Céline aux villes nouvelles des années 1960, en passant par les quartiers dits « sensibles » et les villages de campagne blottis aux confins de cette vaste étoile.

Autour de moi, on a craint pour ma santé. Physique, d'abord : « Avec tous les microbes qui doivent circuler là-dedans ! » Morale, ensuite. « Un an dans le RER ? Tu es sûre que tu ne couves pas une petite déprime ? » J'ai surtout été étonnée par le nombre de personnes, notamment parmi celles qui ne prenaient jamais le RER, qui m'ont demandé tout de go si je n'avais pas « peur de me faire violer » ! Pour une de mes amies, lyonnaise, l'équation « RER = viol » était tellement évidente que pour rien au monde elle n'avait voulu prendre le train régional lors d'un séjour d'un mois en banlieue parisienne. J'ai rassuré tout le monde. J'étais saine de corps et d'esprit et j'avais bien envie de tenir mon carnet de rail !

Jour J. J'ai choisi ma tenue de combat : des Converse, un jean et un vieux manteau noir élimé dont les gros boutons ronds, qui lui conféraient jadis sa splendeur, pendouillaient maintenant misérablement. J'ai embrassé Lorenzo, mon amoureux, et, le nez au vent, je me suis rendue à la gare de Denfert-Rochereau, choisie au hasard comme case départ de mon périple.

Et me voilà assise face à une charmante vieille dame qui accepte bien volontiers de jouer le jeu. Colette, 81 ans, fait un peu sa coquette en arrangeant son chapeau, alors que nous plongeons dans l'automne et nous apprêtons à traverser le sud de Paris à petite allure. Au-dessus de nous, des nuages hostiles. En dessous, le grouillement des rues du XIVe arrondissement. Et, bientôt, la cime des arbres du parc Montsouris.

« À mon âge, avoue Colette, je ne peux plus prendre le métro. Il y a trop de marches et de couloirs. Le RER, c'est plus simple, d'autant que je connais la ligne B par cœur. J'aime bien venir au cinéma ou prendre le thé à Paris. C'est bon de changer un peu d'air. »

Je pressentais que, pour beaucoup de jeunes de banlieue, le RER était synonyme de liberté et d'indépendance. Adolescente, je séchais bien les cours pour m'évader à bord d'un train et me glisser dans le tourbillon anonyme et désordonné de la vie parisienne ! Mais je n'avais jamais songé aux vieilles dames fugueuses et téméraires.

Colette sirote en silence sa dernière gorgée de café. Elle regarde par la fenêtre la cavalcade des barres d'immeubles auxquelles se mêlent bientôt quelques pavillons de banlieue. Sereinement, elle me dit que, un jour prochain, sa vue, qui décline inexorablement, l'abandonnera pour de bon. « Je me prépare à être aveugle, reconnaît-elle, j'ai commencé à apprendre le braille. Vous savez, la vieillesse peut être passionnante si on accepte d'apprendre à débuter. »

Le train prend de la hauteur et nous enjambons l'autoroute du Sud. Colette parle tout doucement du temps d'avant, de la ligne de Sceaux qui reliait la commune du même nom à la gare de Denfert, puis de l'inauguration du RER, un jour de décembre 1977. « Nous avons économisé beaucoup de temps. Jusqu'à trente minutes par jour pour mon mari, qui travaillait à Paris. Nous trouvions cela extraordinaire ! »

Colette avoue n'avoir jamais eu peur dans le RER – « Si on se laisse impressionner par ce que l'on voit à la télévision, on ne fait plus rien du tout ! » – et me livre un dernier secret : « J'habite le long du chemin de fer. De mes fenêtres, je vois le RER. J'aime bien ça. Le passage des trains rythme mes journées. Les jours de grève sont tristes et silencieux. Quand ils sont chez moi, mes petits-enfants attendent aussi le passage du RER et se réjouissent en le voyant filer devant eux. »

Le train entre en gare de Bourg-la-Reine. Notre voyage est déjà fini. Il a duré un peu plus de dix minutes. Colette s'appuie sur sa canne et se lève pour descendre. Avant de s'évaporer dans la longue allée qui longe la gare, elle me dit qu'elle a déjà plusieurs rendez-vous à Paris le mois prochain. Elle progresse lentement, perdue dans une nuée de voyageurs plus alertes qu'elle, heureuse de faire encore partie du flot des usagers. Je la quitte des yeux pour observer la perspective de la voie ferrée, bordée d'un côté de hautes maisons de pierre et de l'autre d'immeubles récents. Et ces centaines de fenêtres ouvertes sur des chapelets de fils électriques et des cortèges de trains bringuebalants.

Je sais déjà qu'à tous mes passages par Bourg-la-Reine je penserai que derrière l'une de ces lucarnes se trouve peut-être le salon de Colette, et j'espérerai secrètement que ma première complice de banquette ait gardé le goût des voyages.

Mourad et les tricoteuses

Les Noues, lundi 12 octobre

6 heures du mat' : la gare du Nord sent le détergent et le renfermé. Les râles, les crissements et les signaux sonores des RER, qui ont commencé leurs chassés-croisés, me vrillent les tympans. Les pas des premiers habitués résonnent dans les couloirs. Certains s'arrêtent pour emporter un petit crème ou un pain au chocolat. D'autres filent s'engouffrer dans les voitures, casque vissé sur les oreilles et journal à la main. Comme chaque jour, plus de 550 000 personnes vont passer ici.

Accoudée à la tablette d'une croissanterie située entre deux quais, j'ai du mal à avaler la première gorgée d'un café âcre et brûlant. Ce matin, je ne suis pas ici pour aborder des inconnus au petit bonheur la chance. Tant mieux. Ma première semaine s'est révélée plus difficile que prévu et ma quête d'informations n'a pas été bien fructueuse. Je commence déjà à m'habituer au catégorique : « Moi, je n'ai rien à vous dire ! », au dubitatif : « Qu'est-ce que vous voulez bien que je vous dise ? », au charitable : « J'aimerais bien vous aider, mais je suis pressé », au provincial : « C'est la première fois que je prends le RER », au timide : « Je n'ai rien à vous dire de bien intéressant »... Sans oublier le pire de tous : « C'est pour la télé ? »

Non, ce matin, je suis en service commandé. Vendredi, à la gare de Saint-Denis, un voyageur m'a raconté que tous les jours, dans le RER D, il croisait un gang... de tricoteuses, et il m'a donné toutes les informations nécessaires pour les rencontrer. Je récapitule mentalement mon itinéraire : à 7 h 20 précises, je serai à la station Les Noues, à un peu plus de vingt-cinq minutes de la gare du Nord, je me placerai au bout du quai, j'embarquerai dans la deuxième voiture et filerai directement au deuxième étage.

Alors que je déchire un sachet de sucre pour mon café, une « touillette » en plastique blanc surgit sous mon nez.

– Tenez, ce sera plus pratique !

Un grand jeune homme brun à la peau mate et aux traits fins, enfoui sous une capuche grise, se présente, avec un sourire en coin. Il s'appelle Mourad, a 27 ans et me demande où je vais.

– J'écris un livre sur le RER.

– Donc tu ne vas nulle part ? Alors on est un peu pareils. Je connais bien le RER, j'habite sur la ligne B vers Aulnay-sous-Bois. Je peux t'aider ? J'ai tout le temps !

– Tu ne travailles pas ?

– Je suis au chômage, mais c'est chiant parce que j'habite chez mes parents. Du coup je suis toujours en décalage avec eux et mes frères et sœurs. J'attends qu'ils aillent à l'école et qu'ils partent travailler pour rentrer dormir, sinon c'est la guerre.

Sur le bas de son pantalon, je remarque des dégoulinures de sang qui semblent toutes fraîches. Mourad me raconte qu'il a eu un accident cette nuit : « On était avec des potes au quartier, on a déconné avec une voiture sur un parking. Le propriétaire de la caisse va vouloir ma peau s'il me voit à la cité. Il voudra que je paie, et je n'ai pas d'argent. Cette année, j'ai bossé quelques semaines dans un abattoir. À part ça, pas moyen de trouver un vrai job. Ma sœur, elle est différente de moi. Elle réussit toujours à travailler et à mettre de côté. »

Autour de nous, la gare s'agite de plus en plus. Il est temps de partir à la rencontre des tricoteuses. Mourad me suit, il a du temps : chez lui, « ils sont à peine en train de se réveiller ». Un compagnon un peu encombrant. D'autant que la ligne D que je vais emprunter ne va pas dans la direction d'Aulnay-sous-Bois, où il habite. Tant pis, il embarque avec moi et nous nous installons près de deux hommes qui discutent en portugais et nous expliquent qu'ils partent travailler sur un chantier à Sarcelles. Mourad se prend soudain pour mon adjoint et leur demande, d'un ton très professionnel :

– Il y a quoi, dans vos sacs ? Ça va ? Ce n'est pas trop dur, votre travail ?

Les deux hommes, méfiants, répondent du bout des lèvres : leurs sacoches contiennent le repas préparé par leurs femmes, ils viennent ensemble chaque matin, discutent un peu du travail, de leur vie de famille et du Portugal.

À Garges-Sarcelles, les deux compères descendent. Mourad commence à s'assoupir, bercé par les cahotements du train. Il rouvre un œil et me serre mollement la main lorsque je m'apprête à sortir à la station Les Noues, située sur la commune de Goussainville, à quelques encablures de l'aéroport Charles-de-Gaulle. Je le quitte avec un peu de soulagement, c'est vrai, mais aussi un brin de tristesse : combien de nuits cet homme si jeune va-t-il passer à errer comme un fantôme en attendant que sa famille se réveille ?

Il fait encore sombre, je change de quai pour reprendre la direction de Paris.

D'autres usagers patientent en silence, ils fument une cigarette, feuillettent un roman, pianotent sur leur téléphone ou démêlent les fils de leur casque audio. C'est l'automne vestimentaire : les pessimistes ont déjà sorti les écharpes du placard tandis que les optimistes s'accrochent à leurs vestes légères.

Le nez du RER surgit à l'horizon. Il ne s'est pas encore arrêté que, déjà, je m'élance à la tête du train. Je file vers le deuxième étage de la voiture, comme le préconisait mon informateur. J'ai du mal à croire qu'au bout de ces quelques marches je vais découvrir un atelier tricot.

Elles sont là ! Deux femmes, pelote de laine sur les genoux et aiguilles en main. L'une termine un pull rouge, la seconde tricote un chandail d'un joli vert tendre. Une troisième jeune femme, blonde, les observe attentivement tout en défaisant un nœud dans l'écheveau de sa voisine. Lorsque je leur apprends qu'un voyageur mystérieux m'envoie, elles éclatent d'un rire communicatif. Je me faufile entre les sacs et les pelotes, heureuse d'avoir réussi mon abordage.

« Cela fait bientôt un an qu'on se connaît, m'explique Évelyne, cheveux courts auburn et petites lunettes carrées. Au départ, Christine, qui n'est pas là aujourd'hui, et moi tricotions à quelques mètres l'une de l'autre. Un jour, elle est venue s'asseoir près de moi. » Une autre Évelyne enchaîne : « Ensuite, c'est moi qui les ai abordées. J'ai hésité, puis j'y suis allée. J'avais un problème, j'essayais de faire un petit chien en laine et je m'étais un peu paumée dans les explications. Elle m'a dit :

“Très bien, on va faire ça !” Évelyne a emmené le petit chien chez elle et me l’a rendu le lendemain. Elle avait retrouvé les mailles perdues ! » Et puis elles ont été rejointes par Céline, puis par la mère de Céline, qui se mêle au groupe une fois par semaine. « Nous avons même appris à tricoter à une petite étudiante en médecine, poursuit Évelyne. Elle voulait faire une écharpe à sa sœur, mais elle avait acheté des aiguilles bien trop grandes pour le train ! Ici, il faut des petites baguettes pour ne pas gêner les autres. »

Zhérine monte à la station Garges-Sarcelles, là où les ouvriers portugais sont descendus tout à l’heure. Considérée comme la plus « fantaisiste » du groupe, elle aime s’inventer des chapeaux, maîtrise parfaitement l’art du crochet et tricote surtout des couleurs gaies. À peine assise, elle demande :

– Tiens, Christine n’est pas là aujourd’hui ?

– Je crois qu’elle est en vacances, lui répond Céline.

– Quand l’une n’est pas là, c’est comme ça, on s’inquiète ! commente Évelyne sans détacher les yeux de ses aiguilles. Et puis on se serre aussi les coudes si l’une d’entre nous a un gros souci. »

Je regarde par la fenêtre. Une procession infinie de tags et de graffitis enflamme les murs, un bidonville apparaît, avec ses toits de tôle, ses caravanes et ses pyramides d’immondices, puis disparaît, remplacé par les premiers immeubles parisiens. Et mes tricoteuses, comme au coin du feu, discutent grandes vacances et laine alpaga !

Terrorisée par une bande de filles

Châtelet-les Halles, mercredi 21 octobre

Ma première grosse frayeur ! Vers 21 heures, je quitte précipitamment un dîner familial, sous les regards interloqués de mes parents, pour m'engouffrer, encore une fois, dans la première station venue avec l'intention de « faire du RER ». La journée a été morose, les rencontres sans intérêt. J'ai pourtant consciencieusement écumé la ligne E, avec même une petite incursion sur la C. Rien.

Ce soir, j'opte pour un aller-retour Châtelet - Charles-de-Gaulle. Je commence à bien aimer ce parcours, qui me donne l'impression de partir pour un « vrai » voyage. Il ne fait pas encore froid, mais, avec la petite bruine qui tombe, certains wagons commencent à sentir le chien mouillé. Autour de moi, une petite dizaine de personnes patientent dans la voiture. Je suis assise en face d'une Africaine en boubou jaune et vert, accompagnée d'un enfant de 5 ou 6 ans qui sirote une brique de jus de fruits. Sur le sol gît un quotidien couvert de traces de semelles avec en titre : « Aznavour : "Des adieux ? Pas maintenant !" »

Nous attendons que le train pousse son cri d'alarme, fasse grincer ses portes geignardes et démarre mollement en balançant sa carcasse fatiguée. Rien ne se produit. Pas un râle, pas la moindre petite secousse, pas d'annonce dans les haut-parleurs. Comme toujours dès qu'il se passe quelque chose d'anormal, nous commençons à échanger regards interrogateurs et hochements de tête entendus.

Soudain, une rumeur nous parvient de l'extérieur. Des hurlements, des cris stridents terrifiants, des insultes. Sur le quai, une trentaine de jeunes filles noires, maquillées à outrance et vêtues de vêtements criards – leggings léopard, tee-shirts en strass, jeans déchirés – sont en train de se taper dessus. On se tire les cheveux, on se file des gifles, on se balance des coups de pied !

Le petit garçon se met debout sur la banquette pour mieux voir. Les adolescentes courent dans tous les sens. À quelques pas de nous, deux d'entre elles en font tomber une troisième qu'elles labourent de coups de pied. Une dame assise dans un coin du wagon se met à crier : « Fermez les fenêtres ! Surtout, ne les regardez pas ! »

Une des pugilistes surgit dans le wagon. Un frisson parcourt les voyageurs. Je retiens mon souffle. Et si elles décidaient d'envahir la voiture ? Si elles s'en prenaient à nous ? Voilà que je me mets à parler au RER : « Allez, démarre ! Démarre ! Mais qu'est-ce que tu attends ? » Quand je pense que je pourrais être sous ma couette, au cinéma, dans un bar... Mais non, je suis dans ce foutu RER qui refuse de démarrer, à moins de deux mètres d'une jeune furie qui vient de tabasser une autre adolescente ! Elle a un visage enfantin et joufflu, de grands cils, les cheveux courts retenus par un bandeau, un gros nœud blanc. 14 ans à tout casser et elle nous fait tous trembler ! Par la fenêtre, je vois la police arriver sur le quai en trottinant. De petits groupes se forment, les filles bavardent maintenant entre elles comme si rien ne s'était passé. La jeune fille au nœud blanc ouvre la porte et saute sur le quai pour rejoindre ses copines. On entend maintenant un brouhaha de cour de récréation. Un petit barbu apporte des nouvelles fraîches : « Il y avait un groupe sur le quai, puis quand le train est arrivé une autre bande leur est tombée dessus… »

Un autre passager, enhardi par l'apparition des policiers, enrage : « Ce sont vraiment des emmerdeuses ! Regardez-les : elles sont habillées comme des putes ! En plus, ce sont des gamines ! Vraiment, Châtelet et gare du Nord, ce n'est que de la merde ! Comme toute la banlieue nord ! »

« Ce sont les parents qui vont encore payer pour leurs bêtises », soupire la dame en boubou.

Le train s'élance enfin dans un bruit d'avion au décollage. Je respire. La scène n'a duré que quelques minutes, mais elle m'a paru interminable. Le petit garçon s'est rassis, sage et silencieux, avec ses grands yeux noirs qui semblent encore s'étonner de ce qu'il vient de voir.

Les exploits de RECK, le graffeur

Saint-Maur - Créteil, vendredi 30 octobre

« Si tu n'as pas donné signe de vie à 14 heures, je signale ta disparition à la police ! »

Lorenzo, mon compagnon, ne voit pas d'un bon œil le rendez-vous que m'a donné, ce vendredi à 11 heures du matin, sur le quai de la gare de Saint-Maur - Créteil, un certain RECK, du groupe de graffeurs CP5 (alias « Cinq chacals puants »).

Dès le début de mon aventure, j'ai eu envie de savoir qui étaient ces « graffeurs vandales » – comme ils se nomment eux-mêmes –, dont les tags et les graffitis polluent, pour les uns, agrémentent, pour les autres, l'univers du RER. Après avoir longtemps navigué sur le Net, j'étais entrée en contact avec un certain RECK. Légèrement paranoïaque, il m'avait posé des dizaines de questions sur mon livre, mes intentions, et avait reporté notre rendez-vous à plusieurs reprises.

Aussitôt arrivée à Saint-Maur - Créteil, je compose nerveusement son numéro de portable. Il répond et me dit de le rejoindre dans un bar, à quelques pas de là. La trentaine, pas très grand, cheveux coupés court, il a l'air plutôt rassurant. Nous commandons des cafés et, d'emblée, RECK – il ne me dira jamais son vrai prénom – me la joue « nostalgie et poésie » : « J'ai eu la chance de voir des choses que la plupart des voyageurs ne verront jamais : les paysages, les dépôts, les cailloux, l'odeur, et parfois même les grillons. On pénètre dans un tunnel étroit et, au milieu de nulle part : un graffiti ! Alors là, c'est comme une peinture dans la grotte de Lascaux ! »

RECK, qui a grandi à Boissy-Saint-Léger, a « environ 13 ans » lorsqu'il commence ses « expéditions » dans le RER : « C'était à la fin des années 1980. On allait à la tour Eiffel pour monter au dernier étage. Dans le RER, le trip, c'était d'ouvrir les portes qui séparent les wagons, de voyager entre deux voitures ou encore de s'accrocher à la queue du train. C'était super-dangereux, mais, pour nous, c'était un peu un grand 8 sauvageon. On ne taguait pas encore, c'était en quelque sorte un premier contact avec le terrain. »

Tout jeune, il écrit « Renaud » sur les murs, car il se retrouve dans les paroles du chanteur. « Je me suis un peu cherché, explique-t-il. Un jour, j'ai rêvé d'un mur de tunnel sur lequel il était écrit "RECK". C'est le nom que j'ai choisi. »

Dans son quartier, il fait la connaissance d'un « crew » (une équipe) de tagueurs surnommé « ADG ». Avec eux, il réalise ses premiers tags. « Au début, j'utilisais tout ce qui me tombait sous la main : du cirage, des marqueurs, de l'encre de Chine. On disait que c'était indélébile ! »

Les jeunes de sa cité se transforment alors en « apprentis chimistes », mélangeant les produits pour rendre leurs créations plus tenaces. « À un moment, on a découvert la teinture pour cuir et on a commencé à faire très mal aux wagons ! dit-il en éclatant de rire. Après ça, on a pris de plus en plus souvent le RER et on est allés de moins en moins souvent à l'école ! »

La bande d'adolescents passe alors aux choses sérieuses, à l'image des grands noms du graffiti qu'ils admirent. Ils découvrent les dépôts, les expéditions nocturnes, l'urgence et l'adrénaline. Et laissent au petit matin des milliers de voyageurs découvrir leurs œuvres. Ils sont parfois des dizaines pour faire le plus de graffitis possible en un temps record, en faisant fi du danger.

« Aller sur les voies, c'est quelque chose qu'on a apprivoisé tout de suite. On a adopté ce nouveau paysage avec beaucoup de facilité. Les rails accueillent qui ils veulent. Tout le monde n'a pas l'honneur de fréquenter ces lieux ! »

Les membres de son crew n'ont jamais eu d'accident, mais quelques belles frayeurs. Comme ce jour où, voulant accéder à un dépôt souterrain en escaladant des grilles, RECK, perché sur une échelle de dix mètres de haut, une bombe dans chaque main, lâche prise et tombe sur les rails. Une douleur persistante au genou lui rappelle régulièrement cette chute.

Pour accéder à ces endroits improbables, les graffeurs font feu de tout bois : un câble métallique, un muret, la tuyauterie. Parfois, on se fait la courte échelle ou on emmène une échelle télescopique. « C'était très sportif ! D'ailleurs, entre nous, on appelait ça “notre sport” ! Courir d'une station à l'autre dans le métro, c'est enfantin. Dans le RER, c'est une autre histoire. Les tunnels sont longs, il fait très sombre. »

Grande fierté de RECK : avoir tagué dans les souterrains aux heures de pointe.

« Nous étions descendus à Vincennes, sur la ligne A, par une échelle implantée dans le ciment, se souvient-il ; il y avait des excréments dessus. On a tagué de Vincennes à Nation. On a épuisé toutes nos bombes et on est ressorti noirs comme des mineurs. »

D'autres membres du « crew » CP5 nous rejoignent. RECK me présente K.SON, un grand brun jovial et baraqué, et DJ, un Asiatique plus taciturne. Tous les deux, âgés d'une trentaine d'années, me disent aussi la nostalgie du temps où leur groupe de tagueurs était très actif. K.SON résume ainsi leur philosophie : « L'objectif des graffeurs est simple : faire circuler leurs noms et celui de leur "crew" ; être repérés partout le long des voies, sur les trains. Un graffiti gagne en valeur s'il est beau, étendu et "posé" dans un lieu difficile à atteindre. » « Quand un graffeur se fait remarquer, ajoute RECK, sa cote monte et d'autres groupes veulent le recruter. Cela peut surprendre, mais il y a toute une partie VRP ! »

Si l'univers du graffiti est très « concurrentiel », les graffeurs respectent un certain nombre de codes, insoupçonnés du public. « Avant tout, indique RECK, on ne peut pas recouvrir le tag d'un autre. Mettre son nom à la place d'un autre ou le barrer, ça s'appelle "toyer" quelqu'un. Aux États-Unis, ça signifie : "Je te tue." »

« Nos premiers pas dans le graffiti, se souvient K.SON, coïncident avec le début des bandes. Il y avait une notion très forte de territoire, une vraie dimension collective. Le samedi après-midi, des dizaines de graffeurs venus de toute la région parisienne se retrouvaient au bout d'un quai du RER A à Nation. Peu à peu, ces rencontres ont disparu. Moi, je ne garde que d'excellents souvenirs de cette époque. »

Seul bémol : les interpellations. Beaucoup des membres du groupe racontent avoir déjà été arrêtés par la police. RECK se souvient : « Ils sonnent à ta porte et t'appellent par ton "blase". Ça fait bizarre et tu comprends tout de suite pourquoi ils sont là ! Nos chambres parlaient pour nous. Il y avait des graffitis sur nos cahiers, de la peinture, des photos de tunnels… On prend des amendes ou des travaux d'intérêt général. Certains arrêtent. D'autres se refont une nouvelle vie de graffeur en changeant leur signature. Mais il est difficile d'abandonner complètement le nom avec lequel on s'est fait connaître. » « Avant tout, me confie RECK alors que je prends congé, il faut comprendre que le graffiti, c'est un “ego trip”. »

Il n'est pas encore 14 heures : je rassure Lorenzo avant la fin de l'ultimatum et note dans un coin de mon agenda : « Prendre rendez-vous avec la brigade anti-tags ! »

Christian, ajusteur, traverse le Nil dans le 93

De Gretz-Armainvilliers à Goussainville, lundi 2 novembre

Gare du Nord. J'arpente de nouveau le quai du RER D. L'horloge indique 7 h 10. Fini l'été indien : le temps est bel et bien automnal. Près de moi, debout contre un mur, un homme au visage joufflu est plongé dans un livre dont je ne vois pas la couverture. Il porte un bonnet bleu marine dont l'ourlet tombe juste au-dessus d'un épais barrage de sourcils gris foncé. Je suis prise d'une envie pressante et inexplicable d'entrer dans la bulle de cet homme, totalement coupé du monde qui l'entoure. Je me présente et, sans lui laisser le temps de respirer, je l'interroge :

– Vous lisez beaucoup ?

– Oh, si vous saviez ! Une cinquantaine de livres par an !

Il s'appelle Christian, a 57 ans et arrive de Gretz-Armainvilliers, loin à l'est. Ensemble, nous embarquons maintenant à bord du RER D en direction de Goussainville. Nous sommes assis au rez-de-chaussée, face à face, près d'une fenêtre. « En tout, me dit Christian, j'ai trois heures de trajet quotidien. Mais j'ai de quoi faire dans le RER, je suis un amoureux fou de l'Égypte ancienne. » Fièrement, il m'annonce avoir déjà lu « au moins vingt-huit livres » de Christian Jacq : « Je m'installe sur une banquette et je m'évade. Je me mets dans la peau d'un personnage et je ne suis plus là. Peut-être est-ce lié à mon signe astrologique. Je suis Balance, aventurier, poète. En tout cas, chaque matin, le RER me mène beaucoup plus loin que dans le Val-d'Oise », lance-t-il, tout sourire.

« Je n'ai pas fait de longues études, poursuit-il. Je suis ajusteur de précision et je suis entré dans la mécanique à 14 ans. J'aurais peut-être aimé étudier plus, mais ça ne s'est pas fait. Du coup, le temps passé dans le RER m'apporte beaucoup de culture générale et me permet aussi d'améliorer mon orthographe. Quand je ne comprends pas un mot, je le note et je le cherche sur Internet le soir chez moi. »

Nous quittons la gare de Saint-Denis et Christian me raconte sa croisière sur le Nil, il y a deux ans. « J'en rêvais depuis des dizaines d'années, de ce voyage ! C'est un souvenir extraordinaire : les paysages sont fabuleux ! Je repense souvent aux bords du fleuve, aux tombeaux de la vallée des Rois, aux temples de Louxor et de Karnak… »

Le RER couine longuement et entre en gare de Pierrefitte-Stains. De nouveaux venus envahissent la voiture. Une grosse dame et une jeune femme noire portant un chapeau mauve s'installent près de nous. Christian ne leur prête aucune attention. Tout à sa passion, il s'emballe : « Et puis, c'est une civilisation incroyable ! Vous saviez qu'ils avaient déjà inventé des moyens de contraception ? »

Il m'entraîne ensuite à la découverte des templiers, des samouraïs… Ma jeune voisine tourne, indifférente, les pages d'un document polycopié, pendant que le RER dévore des kilomètres de béton et d'obscurité. « Je suis toujours attiré par des choses un peu mystérieuses, explique Christian. Je n'aime pas faire comme les autres usagers, lire des journaux. Non, la vie de tous les jours, le quotidien, la routine, ça ne m'intéresse pas ! La presse nous raconte toujours les mêmes histoires, ça ne fait pas rêver ! »

Nous sommes arrivés à Goussainville. Avant de disparaître, Christian me fait timidement un dernier aveu : « Moi, j'aurais voulu être romancier. »

En attendant le RER qui me ramènera à Paris, je pense à cette confidence émouvante et inattendue, et je me demande quels sont ces mots que Christian note entre deux gares, qu'il conserve ensuite précieusement dans sa sacoche pour leur donner chair, la nuit venue. Je regarde ma montre : 7 h 40. À quelques minutes près, j'aurais pu croiser « mes » tricoteuses.

« Moi, c'est la Fleur ! »

Cergy-Préfecture, mercredi 4 novembre

Je rêve, nonchalamment assise dans le RER A, quelque part entre Nanterre-Préfecture et Cergy-le-Haut. C'est une branche de RER un peu atypique, car, avec celle qui mène à Poissy, c'est la seule portion de la ligne A gérée par la SNCF. En fait, la SNCF et la RATP se partagent les lignes A et B, alors que les trois autres lignes sont exclusivement du ressort de la compagnie des chemins de fer.

Pour le moment, rien à me mettre sous la plume. Si ce n'est, en contemplant un paysage si typiquement « français », l'impression diffuse de me trouver dans un roman de Simenon, avec ses péniches, ses maisons cossues au bord de la voie, ses petits jardins ouvriers sagement alignés.

En gare de Cergy-Préfecture, alors que je m'apprête à attaquer, sur un banc, mon premier jambon-beurre de la journée – je me demande si mon estomac va supporter longtemps ce régime café-croissant-sandwich –, j'aperçois sur le quai une silhouette qui dodeline de la tête tout en poussant un fauteuil roulant sur lequel sont installés des bacs de fleurs en tissu et quelques bougies multicolores. Intéressée, je remballe mon casse-croûte et me dirige vers cet homme étrange, en espérant qu'il acceptera de faire un bout de chemin avec moi.

Je découvre un personnage lunaire, un peu inquiétant, avec ses cheveux grisonnants, ses grands yeux bleus éberlués et sa bouche légèrement tordue. Malgré son handicap à la hanche et sa chaussure orthopédique, il est perpétuellement en mouvement, effectuant d'incessants allers-retours sur le quai, apparemment sans aucune logique. Il me donne le tournis avec sa machine infernale. Je marche, ou plutôt je trottine, à côté de lui en tentant de ne pas me laisser surprendre par ses demi-tours un peu brusques. Je ne me suis pas encore présentée qu'il me prévient d'une voix hésitante, tantôt rauque, tantôt aiguë et enfantine : « Appelez-moi la Fleur ! Tout le monde m'appelle comme ça. Je ne donne jamais mon prénom ! » Il m'explique ensuite qu'il achète ses fleurs, mais que les bougies sont fabriquées par sa sœur, qui vit avec lui. Il vend ses produits dans les gares ou sur les parkings des supermarchés.

Un nouveau train arrive. Il se précipite avec son étalage roulant vers les usagers qui en descendent et, pour la plupart, se détournent de lui. « Vous savez, avec l'habitude, je reconnais tout de suite les gens qui vont m'acheter quelque chose. D'ailleurs, aujourd'hui, ce quai ne me dit rien de bon, il faut aller ailleurs ! »

Aussitôt dit, nous montons dans un RER pour Paris. Il immobilise son fauteuil et se laisse lourdement tomber sur une marche. À l'étage, des jeunes écoutent de la musique raï sur un téléphone portable. Notre train démarre. « Je ne veux pas vendre mes objets en bas de chez moi, m'explique la Fleur. Je prends justement le RER pour que mes voisins ne sachent pas ce que je fais. Après on va dire : "Regardez qui est là ? Qu'est-ce qu'il fait ?" »

Il me raconte ensuite avoir été cambriolé à plusieurs reprises dans son logement social de Pontoise. Il est sûr que ce sont des « gitans » qui « sont passés par la fenêtre et sont partis avec la télé ».

Je l'interromps :

« On va où, la Fleur ?

– Je ne sais pas. Tous les jours, je change de station. C'est selon mes envies, mais je ne vais jamais plus loin que La Défense, je ne rentre jamais dans Paris. Ma carte de transport n'a pas assez de zones, et puis je n'aime pas trop Paris. »

Nous passons la gare de Conflans - Fin-d'Oise, au confluent de la Seine et de l'Oise, sous un ciel gris et nuageux. « Je réfléchis beaucoup dans le RER, poursuit la Fleur, je regarde les paysages, ça me détend. Les gens me connaissent dans le train, on discute un petit quart d'heure, c'est agréable d'avoir de la compagnie. »

Nous traversons maintenant un univers de câbles, de feux de signalisation et de rails qui semblent s'étendre à l'infini. Un train transportant des voitures neuves file en sens inverse et nous apercevons bientôt des allées de tombes grises, surmontées de grandes croix en pierre. Je distingue un homme seul qui marche entre deux allées de tombes, fleuries sûrement dimanche dernier, le jour de la Toussaint.

La Fleur interrompt ma rêverie. Il insiste pour que je prenne ses activités au sérieux, que je le considère comme un vrai commerçant : « Vous savez, c'est un métier, ce que je fais. Ce n'est pas toujours facile ! Mais, au moins, je suis indépendant, libre ! Je ne demande pas d'allocations ni d'aides de l'État. »

Je ne sais pas si je dois le croire, mais il me certifie avoir refusé plusieurs emplois en CDI. Il poursuit son monologue : « Je gagne environ soixante-dix euros en trois heures. Je dis aux gens : "Je suis handicapé, je paie ces petits bouquets trois euros, mais donnez-moi ce que vous voudrez." En général, ils me laissent cinq euros. Et de temps en temps, coup de chance : un gros billet ! Les Français sont très généreux, contrairement à ce que l'on peut entendre. »

La Fleur déplie son long corps maigre et arrange ses petits bouquets de tissu. Au loin s'élèvent les tours rutilantes et la Grande Arche de La Défense. Le train plonge sous terre avant la gare de Nanterre-Préfecture, puis s'immobilise. Je tends la main pour l'aider à descendre. Il la dédaigne fièrement.

Pas un assisté, la Fleur !

« Homme recherche femmes désireuses de se faire caresser dans le RER »

Étréchy, mercredi 18 novembre

Lui ? Ou lui ? Pourquoi pas lui ? À l'abri d'un poteau, j'observe, l'air de rien, les hommes qui attendent sur le quai de la petite gare d'Étréchy, une commune de l'Essonne située à une quarantaine de kilomètres au sud-ouest de Paris. Je n'ai pas vraiment peur, mais je suis un peu angoissée, envahie par un mélange d'appréhension et de curiosité. À quoi peut bien ressembler l'homme qui m'a donné rendez-vous ici à 9 heures ?

Dans ma volonté de tout connaître sur le monde du RER, j'avais été attirée par une annonce trouvée sur Internet : « Homme à la recherche de femmes désireuses de se faire caresser dans les rames du RER aux heures de pointe. » Je l'avais contacté, sans tricher sur mes intentions, et il avait accepté de me rencontrer.

J'examine donc les quelques personnes présentes, cherchant à découvrir celle à la plus belle tête de pervers, de psychopathe ou de tueur en série, quand un homme d'à peine 40 ans se plante devant moi et me dit, avec un bon sourire : « C'est vous, la journaliste ? »

Je remarque d'abord son costume noir parfaitement ajusté, sa chemise claire, son pardessus sombre et ses chaussures soigneusement cirées. Puis sa coiffure, impeccable avec sa raie sur le côté. Il est grand, élégant, distingué même. Je lui trouve une petite ressemblance avec Jérôme Kerviel, le trader fou de la Société Générale. Alors que nous déambulons sur le quai, Antoine – c'est ainsi qu'il dit s'appeler, mais je le soupçonne d'avoir changé son prénom – va tout de suite à l'essentiel, sans manifester aucune gêne : « Les voyages ont toujours stimulé mon imaginaire. Au point que, les matins où j'ai du mal à sortir de mon lit, je me répète, comme un leitmotiv, qu'une femme belle, en jupe courte, sera peut-être montée dans mon wagon. » L'avantage du RER par rapport au métro, m'explique-t-il, c'est qu'on croise régulièrement les mêmes usagers à heure fixe. Ainsi, depuis le temps qu'il fait le trajet entre Étréchy et Saint-Michel - Notre-Dame, il a pu repérer les garde-robes des plus jolies passagères – « celle-à-l'élégant-chemisier-vert-au-décolleté-pigeonnant » ou « celle-à-la-jupe-rouge-fendue-sur-le-devant » !

« Je sais où elles montent le matin. Je jette un œil pour voir si elles portent les vêtements que j'aime. Il y a des jours où c'est le cas, mais je suis trop loin d'elles. C'est agaçant, mais c'est le jeu, le hasard ! Une fois, une femme s'est assise en face de moi, sur un strapontin, puis elle s'est amusée à croiser et décroiser les jambes, provocante. J'étais scotché, d'autant plus qu'il n'y avait pas grand-chose sous sa jupe. Mais je n'ai pas trouvé cela très classe, je n'ai pas vraiment été tenté. Je préfère ce qui est suggéré, avec une forme de subtilité. »

Un RER entre en gare. Nous montons et prenons place dans un carré au calme près d'une fenêtre. Il poursuit son récit et me raconte avoir été émoustillé par une fille qui, en pleine heure de pointe, l'avait « effleuré » de sa belle et généreuse poitrine. « Je ne sais pas si c'était fortuit ou prémédité. C'est ce doute sur les intentions et sur les perceptions qui rend magiques ces rencontres furtives. Je suis à l'affût de ces situations, car je suis un épicurien à la recherche de ces petites poussées d'adrénaline. »

En cherchant ses mots, comme s'il craignait d'être trop direct et de me choquer, Antoine poursuit calmement le récit de ses fantasmes. Ses yeux bleu clair brillent d'un éclat nouveau lorsqu'il se souvient de sa « première fille du RER » : « J'étais encore étudiant et j'empruntais quotidiennement le RER B. Elle était magnifique et devait avoir mon âge. Une brune sublime à la peau mate, des yeux de charbon… Je l'ai dévisagée, j'étais bouleversé par sa beauté. Au bout de la ligne, alors qu'elle était déjà descendue depuis quelques stations, j'en frémissais encore.

– Et puis ?

– Et puis, rien ! »

Antoine m'avoue qu'il n'imagine même pas faire l'amour avec ses filles du RER : il se contente de fantasmer sur tous les préliminaires qui pourraient exister avec elles.

En cours de route monte une jeune femme aux cheveux châtains tirés en arrière, moulée dans des vêtements sombres. Antoine sourit. Il ne peut s'empêcher de l'observer quelques secondes et de chuchoter : « Elle, par exemple : il y a quelque chose de très sexy dans son regard, moitié direct, moitié fuyant. Une dualité fascinante ! »

Il se redresse et reprend à voix haute : « C'est le fantasme de la rencontre intense, du désir, du simple fait de se frôler ou de se murmurer quelques mots. Voir une belle femme dans un tas de tôle tagué, ça permet de s'évader. C'est une lumière éphémère qui va à contresens de tout ce que l'on voit dans le RER. »

Et Antoine, que je croyais célibataire endurci, m'apprend que non seulement il est marié, mais qu'en plus il lui arrive de faire partager à son épouse la sensualité qu'il « puise dans ses voyages ». « Je l'ai déjà caressée dans le RER, un soir où elle portait une jupe particulièrement mini. Il y avait quelques personnes qui nous tournaient le dos. J'ai mis la main dans sa culotte. Par moments, elle sursautait. Quelqu'un est entré et s'est mis près de nous. Ça l'a bloquée. C'était très excitant, cette peur de se faire surprendre ! En plus, on pense forcément à la tête des gens que l'on croise tous les matins ! »

Justement, le lendemain, en reprenant son RER pour aller travailler, Antoine a jeté un œil sur le siège du délit. « Il était occupé par un grand barbu, apparemment content de lui. Je n'ai pu m'empêcher de penser : "Si tu savais ce que j'ai fait hier à ta place !" »

Lorenzo peut être tranquille : mon psychopathe est un doux poète.

« Tu rentres du boulot, t'as peut-être eu une journée difficile, et tu tombes sur cette chanteuse… »

Les Halles, vendredi 27 novembre

Aujourd'hui, j'ai :

– évoqué les paysages reposants traversés par le RER D sud avec Patricia, une postière de Boussy-Saint-Antoine qui, faute de temps, déjeunait dans le train de quelques beignets chinois en écoutant *Mozart, l'Opéra rock* ;

– rigolé avec un jardinier farceur dans une gare de la ligne B ;

– écouté, à la gare d'Orsay-Ville, un jeune homme d'une vingtaine d'années me raconter le suicide d'une femme dont il avait été témoin, quelques mois plus tôt ;

– rencontré un voyageur en route pour le bureau ;

– suivi un homme qui se rendait à l'hôpital pour une consultation…

– … et un autre qui allait à la préfecture pour quelque paperasse administrative…

Et cela fait bien du chemin. Une rencontre m'entraîne à 40 kilomètres au sud de Paris, la suivante à 20 kilomètres à l'ouest. Pour rien ? Non, je tire toujours quelque chose de ces conversations impromptues.

Reste qu'à 8 heures du soir, à Châtelet-les Halles, je n'ai plus qu'une envie : sortir du RER, rentrer chez moi et m'affaler sur mon canapé.

Raté. Sur le quai, je suis attirée par quelques notes de guitare. Je découvre, assise sous le plan du quartier, une femme qui joue, les yeux fermés, et se met à chanter en anglais. Ses cheveux châtains ondulent de part et d'autre de son visage. Je serais incapable de lui donner un âge. Sa voix belle, suave, cristalline, me transporte. Impossible de bouger. Elle interprète des titres de Sarah McLachlan, Police, Tracy Chapman...

D'autres voyageurs sont, comme moi, happés par cette musique. Des enfants s'approchent à pas de loup, sous le regard attendri de leurs parents, pour mettre une pièce dans l'étui à guitare noir ouvert aux pieds de l'artiste. Sous le charme, d'autres usagers se saisissent d'un CD et déposent un billet de 10 euros. Par moments, les haut-parleurs et les grondements du train couvrent sa voix et nous rappellent à la réalité. Des jeunes portant locks et piercings s'arrêtent avec leurs chiens aux côtés d'un homme en costume qui dit doucement à la chanteuse qu'elle lui fait follement penser à Suzanne Vega. Ceux qui passent leur casque sur les oreilles retirent un écouteur, puis l'autre, et rejoignent ces spectateurs qui rentreront un peu plus tard ce soir. Près de moi, un homme d'une trentaine d'années, un CD à la main, me confie : « Tu rentres du boulot, t'as peut-être eu une journée difficile et tu tombes sur cette chanteuse. Tu oublies tout, même de prendre ton train ! »

Après plus de trois heures de spectacle, c'est bien le mot, la chanteuse s'interrompt, remballe les quelques CD qui lui restent et gratifie d'un salut timide les voyageurs sur le quai. Je l'aborde. Méfiante, elle me dit qu'elle n'aime pas beaucoup les journalistes, mais qu'elle veut bien quand même répondre à mes questions. Ensemble, nous remontons à la surface par les escalators.

Il fait nuit et froid, nous nous installons dans un café à quelques pas du Forum des Halles et commandons deux infusions. « Le plus difficile, commence Anne, c'est le bruit, la saleté, la poussière et les odeurs, mais quand je joue je m'oublie complètement, je suis dans un autre état, comme hypnotisée. » Elle me confie que rien ne la prédestinait à vivre hors des sentiers battus. Une famille traditionnelle du sud de la France, des études scientifiques, un Capes, un an d'enseignement à Montfermeil, et puis, un beau jour, tout bascule : elle donne sa démission. « Je n'avais pas le choix, cette vie me rendait malade. Physiquement malade ! »

Elle connaît alors, selon ses propres termes, l'« extrême désarroi » et la « grande pauvreté ». De hasards en galères, arrive ce premier jour où elle descend dans le RER, guitare à la main, pour gagner un peu d'argent. « Je m'en souviendrai toute ma vie. J'ai joué un morceau de Tracy Chapman : *Baby Can I Hold You Tonight*. C'était très dur. Comment dire : il y avait quelque chose avec l'orgueil et l'image de soi. Puis les gens m'ont tous donné de l'argent, je suis restée un quart d'heure à reprendre mes esprits sur le quai, et je me suis dit qu'ils m'avaient adoptée. »

Anne reconnaît qu'elle a mis du temps à s'intégrer dans cet univers si particulier. « Au début, j'agressais tout le monde. J'étais sur la défensive. C'est un public difficile, car les gens ne vous attendent pas à cet endroit et à ce moment de leur vie. J'ai déjà joué ailleurs, comme à EuroDisney, mais ce qu'il y a d'exceptionnel sur les quais, c'est d'échanger quelques mots avec une vieille dame, puis avec un drogué, et ensuite avec une mère de famille et un petit enfant. »

Anne, qui admet n'avoir eu « vraiment très peur qu'une seule fois, un jour où des hommes se battaient à coups de couteau », est maintenant sur le point de prendre une autre route, loin des annonces de gare, des ronronnements mécaniques des RER et de leurs processions. Après avoir sorti son album de reprises, elle a trouvé un producteur qui l'aide à lancer son prochain disque : *Truth Wanted*. Des titres personnels qui, à en croire les réactions des voyageurs, pourraient donner une nouvelle tournure à sa « carrière ». « J'en glisse une de temps en temps entre deux reprises, les gens réagissent bien », dit-elle, sereine et apaisée. Certaine, aussi, d'avoir fait le bon choix.

1971 : Claude conduit son premier RER

La Défense-Auber, vendredi 4 décembre

Ouf ! Aujourd'hui, je ne mettrai pas les pieds dans le RER. De vraies vacances après deux mois de « pratique intensive ». Je commence à fatiguer, avec ces journées interminables à bord des cinq RER, ces errances entre Lozère et Le Blanc-Mesnil ou entre Torcy et Nanterre-Préfecture ; ces trains supprimés, cette odeur persistante qui désormais me colle à la peau et dont j'ai du mal à me débarrasser quand je rentre chez moi ; ces bruits incessants, tantôt sourds, tantôt stridents. J'ai calculé que, depuis le début d'octobre, j'ai déjà dû passer plus de 300 heures dans les trains, les couloirs et les gares de RER. Je n'ai jamais été très bonne en maths, mais à vue de nez je dirais que j'ai bien dû parcourir plus de 6 000 kilomètres ! Plus qu'un aller simple pour New York ou Djibouti !

Je reste malgré tout « dans l'ambiance », puisque j'ai rendez-vous avec Claude, l'un des premiers conducteurs de RER, qui en plus habite près de chez moi, dans le XVe arrondissement. Sur le plancher des vaches, en quelque sorte, tant le RER me fait penser parfois à un bateau éloigné du monde.

Pull à rayures horizontales, moustache grise bien taillée, Claude m'attend dans son salon, assis devant une table ronde recouverte d'une nappe sanguine. Dès mon arrivée, il s'éclipse pour revenir les bras chargés de livres épais et de photos délavées. Sur un canapé de cuir vert d'eau, sa femme, d'origine espagnole, tricote des chaussons en regardant une chaîne câblée qui retransmet un discours du chef du gouvernement espagnol, José Luis Zapatero.

Jovial, détendu, Claude raconte son histoire avec la fierté du devoir accompli : « Je suis entré à la RATP le 1er mars 1966, à 26 ans. Jusque-là, j'étais tourneur. Un jour, par hasard, en lisant les petites annonces, j'ai vu que la Régie embauchait. Avant d'être formé à la conduite, ils m'ont fait compter les voyageurs. C'était barbant et ça ne servait à rien ! »

Après avoir passé un examen, il est affecté à la ligne 12, puis à la ligne 8 du métro. Le jeune conducteur assiste à la naissance des stations gigantesques du (futur) RER : Étoile, Auber, Nation. « Nous avions visité le chantier d'Auber, un casque sur la tête. On avait les yeux grands ouverts. On se disait : "C'est pas possible, c'est démesuré !" On pensait que c'était de la folie de construire des trucs pareils. »

Claude tourne à vive allure les pages d'un livre pour me montrer une photo : la gare de Nation, une de ses préférées. « On ne peut plus s'en rendre compte aujourd'hui. En venant du métro, on trouvait tout cela complètement fou ! En plus d'être gigantesque, c'était vraiment très beau. Les tapis roulants étaient monstrueux, on n'en voyait pas le bout ! »

Asthmatique et souffrant de la poussière des souterrains, Claude fait une demande pour devenir conducteur de RER, « car il y a beaucoup de trajets en extérieur ».

En 1971, il conduit son premier RER. « Mon premier trajet : La Défense-Auber. Les trains étaient très modernes. Sur le métro, on avait un frein dans une main et un manipulateur, qui emmène le courant, dans l'autre. Sur le RER, il n'y avait plus qu'une seule manette qui freinait dans un sens et donnait du courant dans l'autre. C'était beaucoup plus facile et beaucoup moins bruyant, car le courant n'était plus dans la cabine. »

Claude ouvre un petit carnet noir posé sur la table. Il parcourt des schémas, des notes et des codes de couleur. Dans cet aide-mémoire, il a tout consigné : les schémas, la signalisation et les procédures. « Tout était plus complexe sur le RER. Je ne pouvais pas faire comme les pilotes d'avion et me promener avec des manuels sous le bras, alors je notais tout dans ce carnet. »

Il se remémore aussi avec une pointe de nostalgie ses années à Rueil-Malmaison, où il a ensuite été affecté. La bonne ambiance avec les copains, leur joie de voir la lumière du jour, et aussi une certaine fierté de conduire le RER : « C'était intériorisé. On n'en parlait pas, mais cela se voyait bien, au fond, nous étions fiers ! »

Il évoque également une période de liberté intense, une bonne entente avec l'encadrement et des relations amicales très fortes avec les autres conducteurs : « On s'entraidait, on s'invitait les uns chez les autres et on se mobilisait quand il y avait besoin. »

Rapidement, les conducteurs ont maille à partir avec la direction. « Ils ont cru qu'on allait être contents comme des papes avec le RER. On devait attendre six jours pour avoir deux jours de repos. Nous étions mécontents de nos tableaux de service, les journées étaient très longues, avec souvent des pauses de plusieurs heures. »

Claude garde un souvenir ému de ces luttes, qu'il nomme affectueusement « nos petites guerres civiles » :

« Nous étions heureux sur cette ligne, mais elle a vite été surchargée et nos conditions de travail étaient difficiles. Il a fallu se gendarmer pour obtenir des améliorations ! »

L'œil brillant, ce militant de la CGT raconte le jour où ils ont occupé un PCC (poste de commande centralisé), une sorte de tour de contrôle du RER. « On s'est enfermés dedans et on a appelé l'inspecteur. On lui a dit : "Si vous touchez un train, on coupe le courant !" Ils se sont permis de faire fonctionner un aiguillage à la main, alors on a coupé le courant ! Tous les trains sont restés bloqués dans le tronçon de Rueil et la direction a décidé de faire intervenir la police. Quand les flics sont arrivés, nous avions déjà libéré le poste de contrôle et nous avons même pris le café avec eux. »

Il est temps de se quitter. Claude me tend sa médaille RER/RATP 1977. « C'est pour vous ! J'insiste pour que vous la gardiez. C'est bien de vous intéresser à notre travail. »

Son épouse, qui n'a pas bougé depuis le début de notre entretien, lève la tête : « C'est bizarre, pour une gamine, de s'intéresser à ces vieilles histoires. » Claude l'interrompt : « Et toi, tu t'en souviens ? Tu te rappelles les jours où tu étais dans la cabine avec moi ? C'était interdit, mais c'était un privilège de monter avec le conducteur ! »

RER, mon amour.

L'homme à la valise rouge

Luxembourg, jeudi 10 décembre

Midi passé. Je reviens de La Courneuve. L'ambiance est tendue : une grève a commencé sur la ligne A à l'appel de six syndicats. Le bruit court que le mouvement pourrait durer des jours et se propager à la ligne B.

Le train est arrêté à la station Luxembourg. Sur le quai d'en face, mon regard est attiré par une énorme valise rouge trônant sur un siège. À côté, un homme seul. Sur un autre siège, un chariot à roulettes. Étrange vision, qui me fait penser à un tableau de Hopper. J'ai envie d'en savoir plus sur cet homme, mais je n'ai plus le temps de descendre. Le RER repart, prend de la vitesse, et l'homme disparaît de ma vue.

Prise d'un remords subit, je descends à la station suivante, Port-Royal, rejoint le quai d'en face et retourne à Luxembourg. L'homme à la valise rouge n'a pas bougé. Il est en train d'ôter délicatement la cellophane qui entoure un sandwich. Les manches de son pull couleur moutarde partent en lambeaux. Plutôt costaud, les cheveux châtains ébouriffés, il est courbé en deux, le nez sur son casse-croûte, et je distingue mal les traits de son visage.

Je m'approche et résiste à l'envie de remonter mon écharpe pour échapper à son odeur, pestilentielle. Sur son chariot à roulettes, un sac de couchage poisseux orné d'une image de Tintin est posé sur des dizaines de sacs en plastique.

Je me trouve une petite place près de la valise et m'assois discrètement. L'homme me jette un regard en coin, un peu étonné, sans interrompre son repas. Des étudiants, le visage enfoui dans leur écharpe, passent devant nous en silence, tandis que les trains poursuivent leurs allées et venues.

J'attends la fin d'un signal sonore pour me présenter. Il lève enfin la tête et me tend une main vraiment peu engageante. « Julio », me dit-il, sans conviction. Je lui demande pourquoi il a choisi cette station. Il bougonne d'une voix lasse et monotone : « Je suis bien à Luxembourg. Ici, sous la caméra de surveillance, personne ne vient m'embêter, m'agresser ou me piquer mes valises. »

Julio jette un regard circulaire autour de lui, puis lève les yeux au plafond :

« Elle est belle, cette station ! Il n'y a pas grand monde, on respire bien, c'est haut de plafond, c'est propre et il n'y a pas d'autres SDF. » Ensemble, sans parler, nous considérons la voûte en pierre, les murs clairs et les larges panneaux publicitaires. Julio fouille dans un de ses sacs en plastique et en sort une boîte de chocolats. « Servez-vous ! »

Il m'explique maintenant pourquoi lui aussi, comme Colette ou la Fleur, préfère le RER au métro. « Dans le métro, c'est tout petit ! Je crois mourir étouffé. J'ai passé deux ans à République. C'est resserré, il n'y a pas d'air, et c'est plein de saletés et de clochards ! »

Et puis, dans ce quartier chic, les gens sont plutôt généreux. « Ils me donnent à manger. Comme Noël approche, j'ai déjà reçu des chocolats de la part des passants. Et les employés de la boulangerie du coin me filent les sandwichs de la veille dans le dos de leur patron ! »

Seule une habitante du quartier lui cause du souci. « Chaque fois qu'elle passe devant moi, elle râle : “Il faut qu'on nous débarrasse de cette saleté !” Ça me fait de la peine d'entendre ça. On ne se retrouve pas à la rue par hasard. Il y a toujours une histoire derrière. Elle pourrait s'arrêter pour discuter plutôt que de m'insulter. »

Julio s'est animé. Il fait maintenant de grands gestes et me raconte sa vie dans un flot de paroles, en insistant sur chaque détail. Né au Portugal il y a cinquante-deux ans, il a débarqué à Bobigny à l'âge de 12 ans avec sa famille, puis, au bout de dix ans, est retourné dans son pays, où il a fait son service militaire. Il rencontre deux jeunes femmes et envisage de s'installer. « Il y en avait une plus riche et une que je préférais… J'ai un peu réfléchi, puis je me suis dit que j'étais encore trop jeune pour me caser et je suis retourné en France vivre chez mon oncle, qui m'a ensuite trouvé une place dans un foyer. Au début, c'était super, j'ai commencé à faire des études. Les conditions de vie se dégradent rapidement : les peintures s'écaillent, les murs se disloquent et la sécurité devient de plus en plus incertaine. Beaucoup de sans-papiers ont commencé à se prêter les chambres et c'est même devenu dangereux. Un jour, pour protester, j'ai refusé de payer les 50 euros de loyer. »

Après des mois de procédure, Julio atterrit dans la rue. Il est lucide : « C'est la descente. J'ai découvert la vraie peur, j'ai été attaqué plusieurs fois au couteau. Et puis il y a les ennuis de santé. La durée de vie est moins longue chez nous, les SDF. »

Après avoir expliqué qu'il était équipé « jusqu'à moins dix degrés » et que, « pour l'instant », il restait dehors, Julio raconte qu'un passant lui a vaguement parlé de le loger dans une cabane. Il ne veut pas se faire de fausse joie : ce n'est pas la première fois qu'on lui fait ce genre de promesses, surtout à l'approche de l'hiver.

Nous restons un moment silencieux et observons le va-et-vient des usagers. Vus par ceux qui restent, je me rends compte qu'ils forment une masse uniforme, agitée et bourdonnante.

Nous nous quittons et je reprends mon voyage vers Robinson. Je l'observe depuis le quai d'en face : la tête entre les mains, il semble ému. Depuis combien de temps n'avait-il pas évoqué sa jeunesse, son service militaire, et ces femmes qu'il aurait pu épouser ? « Une plus riche et une que je préférais »…

Le combat de Kailash le merveilleux

Denfert-Rochereau - Roissy, vendredi 11 décembre

Malgré l'agitation qui règne autour de lui dans la station Denfert-Rochereau, l'homme, probablement indien, sourit en tentant de déchiffrer les informations inscrites sur les écrans d'affichage. Je suis amusée par la superposition des styles dans ses vêtements : une doudoune par-dessus un ensemble traditionnel indien de couleur claire, et aux pieds des chaussures sombres très « occidentales ».

« Roissy, c'est bien le prochain ? » me demande-t-il en anglais. J'acquiesce. Il se présente poliment. Il s'appelle Kailash, préside l'ONG Global March Against Child Labour, qui lutte contre le travail des enfants dans le monde, et vient de participer à une conférence de l'Unesco. Malgré les difficultés rencontrées pour trouver son chemin et en dépit de la foule qui se serre sur le quai, il affiche toujours une grande décontraction. « J'ai été obligé de ressortir du RER et de me renseigner auprès d'une fleuriste pour savoir comment aller à l'aéroport ! raconte-t-il, un sourire un peu penaud aux lèvres. La dame du guichet ne pouvait pas me renseigner, car je ne parle pas le français. » D'habitude, il prend plutôt le taxi, mais aujourd'hui il a voulu tenter l'aventure…

Les yeux plissés derrière ses lunettes aux fines montures, il essaie à nouveau de déchiffrer les indications du panneau d'affichage. « Tous les trains ne vont pas à Charles-de-Gaulle. Je crois que je prends celui de 16 h 34, c'est bien ça ? » Il se répète et semble presque se moquer de lui-même.

Kailash monte finalement dans le RER, hissant sa valise, et s'installe maladroitement sur un petit strapontin. Bien sûr, je le suis et je l'écoute. « À New Delhi, les transports sont très modernes, m'explique-t-il. C'est normal, le métro n'a pas plus de dix ans. Ici, on sent que c'est déjà assez ancien. Cela symbolise assez bien le décalage qu'il peut y avoir entre nos deux pays. Alors que l'Inde commence à se moderniser, la France stagne. Elle ne peut pas tout refaire, les infrastructures sont déjà vieilles. Mais au fond les grandes villes vont finir par se ressembler ; c'est normal, c'est la mondialisation. » Je n'aurais jamais imaginé que le métro de New Delhi soit un exemple de modernité. Et notre bon vieux RER traité comme un *has been* !

À la station Châtelet-les Halles, un groupe de lycéens tapageurs fait irruption. Tous les occupants de strapontins se lèvent mécaniquement pour les laisser entrer avec leurs sacs à dos encombrants. Tous sauf lui, qui demeure assis, novice en matière de transports en commun parisiens. Avec ses cheveux noirs, son air serein et sa barbe grisonnante, il paraît trôner au milieu de ses jeunes disciples !

Nous passons la gare du Nord, le RER jaillit de terre dans une lumière rosée et nous laissons le Sacré-Cœur derrière nous. Le train s'est vidé ; Kailash, mal à l'aise sur son strapontin, repère une banquette plus confortable et m'invite à changer de place.

Je comprends combien il apprécie ce court voyage, où il se transforme en « monsieur Tout-le-monde », lorsqu'il me raconte qu'à New Delhi c'est une escorte nerveuse et sur le qui-vive qui l'attendra à sa descente de l'avion : au moins deux gardes du corps et un chauffeur. L'ONG qu'il a fondée est régulièrement la cible d'attaques de la part de mafias, et deux de ses collaborateurs ont déjà été agressés. Ses expéditions pour délivrer physiquement les enfants de ceux qui les exploitent lui ont valu de nombreux ennemis. « À Delhi, je ne pourrais pas utiliser les transports comme ça, regrette-t-il. J'ai pris une fois le métro avec mes gardes du corps. Ma fille, qui vit en sécurité aux États-Unis, voulait absolument voir à quoi il ressemblait. À force, je me suis habitué, j'ai sympathisé avec mes gardes du corps, donc ce n'est pas trop pesant. Mais j'apprécie malgré tout ces brefs moments de liberté et d'anonymat, je regarde vivre les gens, j'apprends beaucoup d'eux. Mon entourage s'inquiète pour moi, mais sincèrement je ne me vois pas faire autre chose. On sauve des milliers d'enfants à travers le monde. »

Comme souvent dans le RER, alors que l'on croit que chacun reste confiné dans sa bulle, un petit miracle se produit. Certains de nos voisins, qui doivent comprendre l'anglais, tendent l'oreille pour écouter Kailash et sourient lorsqu'il raconte en riant qu'il avait été pressenti pour le prix Nobel de la paix, mais que, « face à Barack Obama », il n'avait « aucune chance ».

Le train glisse sur les rails de la gare de l'aéroport Charles-de-Gaulle 2. Kailash descend et cherche en vain un ascenseur, avant de buter contre un escalator rendu inaccessible par de grandes bâches en plastique. Encore un mauvais tour de cette France vieillissante. Il gravit lourdement l'escalier avant de s'évaporer dans les vastes enceintes de la gare, parmi tous ces voyageurs qui ne devinent rien de son combat obstiné et périlleux.

La grève et ses malheurs

RER A, mercredi 16 décembre

La grève, c'est double peine ! La galère toute la journée et puis, quand on arrive chez soi avec pour seule envie d'oublier le cauchemar, piqûre de rappel sur toutes les chaînes de télévision : le « film » de la journée mêlant récriminations des usagers et défense des syndicats. Je n'ajouterai donc pas une troisième couche pour raconter la journée de la seule personne qui se trouve là de son plein gré : moi !

Que dire sinon qu'il faisait très froid et que j'ai eu une pensée pour Julio, l'homme à la valise rouge – avait-il trouvé meilleur refuge que la station Luxembourg et un duvet plus chaud que son « Tintin » ? –, en apprenant qu'un SDF était mort de froid cette nuit près de Bordeaux – le premier de l'hiver. Sans oublier que les chauffeurs routiers sont eux aussi en grève, tout comme les convoyeurs de fonds et les éleveurs laitiers, que les chômeurs manifestent, que le budget de Noël des Français est en baisse et que Johnny Hallyday est entre la vie et la mort à Los Angeles.

Ce que je peux raconter, peut-être, c'est, à la gare Le Parc-de-Saint-Maur – une ville paisible blottie au creux d'une boucle de la Marne –, les voyageurs aux traits tirés attendant, immobiles et frigorifiés, et cette voyageuse m'envoyant brutalement promener et criant à la cantonade : « Qu'est-ce que ça peut lui foutre, à celle-là, ce que je pense de la grève ? Ah non ! Elle ne se fera pas de fric sur mon dos ! » Et ces regards exaspérés de tous les témoins me rendant responsable de leur galère...

Dire, enfin, le vrai malheur qui sourd de ces journées de grève, et donner, en conclusion, la parole à Parvaneh, cette étudiante iranienne en doctorat d'urbanisme à Paris-X qui, au milieu de l'exaspération générale, porte un regard d'une très grande lucidité sur ces manifestations : « Je crois qu'il faut écouter chaque catégorie de la société. Il ne faut pas attendre si longtemps pour entendre les grévistes. Il faut reconnaître qu'il y a des problèmes de budget, de chômage et beaucoup d'inquiétudes. Et lorsqu'une loi est injuste, il faut pouvoir le dire. Ici, la loi, la République, est solide. On peut montrer un malaise, sans violence. En Iran, il y a des manifestations en ce moment, on peut organiser une marche silencieuse, mais on ne sait pas comment ça va finir. »

Villiers-le-Bel by night

Villiers-le-Bel, vendredi 18 décembre

Alors qu'on s'achemine vers une sortie de crise sur la ligne A, je décide ce soir de tenter une expérience potentiellement périlleuse : aller me promener du côté de la gare de Villiers-le-Bel après 23 heures. Depuis le début de mes pérégrinations, beaucoup d'usagers bienveillants m'ont mise en garde : « N'allez pas là-bas après les heures de pointe, mademoiselle ! La nuit, ça craint vraiment, la ligne D n'est pas fréquentable ! » Raison de plus pour aller voir « sur place » ce symbole des banlieues qui « brûlent ». La ville est en effet tristement célèbre pour avoir été le théâtre de violentes émeutes en 2007, après le décès de deux adolescents dont la mini-moto était entrée en collision avec une voiture de police.

Pour me rassurer, j'ai demandé à Manon et Ratiba, deux amies journalistes, de m'accompagner. Elles aussi ont l'habitude des projets un peu fous et elles se sont immédiatement dites partantes pour cette expédition nocturne. Je n'ai en revanche rien révélé de ma destination à mes proches, évoquant simplement une virée entre copines.

Les mains dans les poches, nous nous serrons les unes contre les autres dans le train qui nous emmène à

Villiers-le-Bel, à un peu moins de 20 km au nord de Paris. Nous n'en menons pas large. Il fait nuit noire et le wagon désemplit progressivement. À quelques rangées de nous, une dizaine de jeunes écoutent du hip-hop. La plupart sont en baggy, portent une casquette et un sweat XXL. Soudain, ils se lèvent comme des ressorts et se mettent à courir dans les allées de la rame en criant : « Ils sont là ! Ils sont là ! »

Inquiète, Ratiba me souffle :

« Mais qu'est-ce qu'ils ont ? C'est quand même un peu flippant ! Je te maudis, toi et ton livre !

– On peut encore descendre et faire demi-tour, leur dis-je. Vous voulez ?

– Non, non, maintenant qu'on y est, on y reste ! » protestent-elles d'une seule voix.

La musique continue. Les jeunes se chamaillent bruyamment. Quand le train entre en gare de Villiers-le-Bel, ils descendent et s'évaporent, sans bruit, dans les rues adjacentes. Je regrette d'avoir entraîné mes amies dans cette galère.

La gare est déserte et silencieuse. Sur le quai en direction de Paris, deux jeunes Antillaises font les cent pas. De leurs doudounes ne dépassent que leurs bottes à talons hauts, leurs collants noirs et leurs mains parfaitement manucurées. Elles s'appellent Cindy et Mandy et vont faire la fête dans le Val-de-Marne. Mandy est venue exprès de Paris pour que sa copine ne voyage pas seule. « C'est vrai qu'il y a beaucoup d'agressions sur cette ligne, m'explique-t-elle. C'est pour ça que nous sommes toujours au moins deux ! Pour une fille seule, ça peut être vraiment dangereux, il vaut mieux ne pas s'aventurer. »

Le froid nous brûle les joues et nous glace les doigts. Pas sûre que je tienne tout l'hiver avec ma vieille pelisse noire. Peut-être devrais-je investir dans une doudoune spéciale grand froid ? Grelottantes, nous nous rapprochons de la tour chauffante, une sorte de long tube orange lumineux, hérissé de grillages, érigé au milieu du quai.

Nous ne sommes pas les seules à avoir été attirées par cette source de chaleur. La place est occupée, mais, compte tenu des conditions extrêmes, les autres voyageurs se décalent et nous accueillent. Maeva, une petite métisse pétillante d'une vingtaine d'années, confie qu'elle est chanteuse et rentre tout juste du studio d'enregistrement de Villiers-le-Bel. Soudain excités, les autres lui demandent de fredonner l'air de son choix. Elle acquiesce et prend quelques secondes pour se concentrer. La voix tremblante, elle entonne une chanson interprétée par Lauryn Hill dans le film *Sister Act*. Les rires cessent, un long silence s'abat sur la gare enveloppée de pénombre. La douceur de la voix de Maeva nous fait frissonner. Elle s'interrompt brusquement, submergée par la timidité. Nous l'applaudissons.

Très élégant avec sa veste de soirée et son écharpe de soie verte nouée autour du cou, Chris, un Noir trapu, seul garçon du groupe, se lance : « Moi aussi je chante ! J'ai été "Poetic Lover" [nom d'un boys' band des années 1990]. En plus, je suis producteur !

– T'as déjà vu un producteur dans le RER ? se moque une des filles.

– J'ai la voiture ! C'est toi qui prends le RER !

– Poussez-le sur les rails, le producteur ! »

Comme on lance une chanson autour d'un feu de camp, Mandy improvise alors sur le tube de Patrick Bruel : « Et si on s'donnait rendez-vous dans dix ans, même jour, même gare, même train !… »

Tous reprennent en chœur : « Même jour, même gare, même train !... »

Après trente minutes passées serrés autour du calorifère, nous montons dans le train pour Paris. Nous nous installons tous ensemble sur les banquettes, comme de vieilles connaissances.

« Tiens, qu'est-ce qu'il devient, Villepin ? interroge Chris en apercevant une photo de l'ancien Premier ministre sur un journal gratuit abandonné sur la banquette.

– Il est au RSA ! » répond Maeva.

Le train arrive en gare de Goussainville. Maeva se lève et agite les deux mains en signe d'adieu. Elle nous annonce que, demain, elle chante à la salle des fêtes. « On te soutient ! » crie Mandy.

Le RER repart. Dehors, la banlieue nord défile, invisible masse sombre et assoupie. Sur la banquette derrière nous, un jeune homme a un fou rire. Le teint rouge et le nez enfoui dans son écharpe, il s'amuse de notre spectacle. « Viens nous rejoindre, toi, au lieu de rire tout seul derrière ! » lui lance Chris. Le jeune homme se lève et vient prendre la place laissée libre par Maeva. Il s'appelle Geoffrey, il rentre chez lui après avoir rendu visite à ses parents. Il travaille dans les systèmes d'alarme. « Mais pour l'instant, reconnaît-il, c'est plutôt Pôle Emploi ! » Nous éclatons alors tous – les journalistes, le « producteur », les vendeurs, les prothésistes ongulaires – d'un rire complice : « Eh oui, Pôle Emploi ! »

Il est plus de minuit lorsque le train arrive à Châtelet-les Halles. La « voix de la RATP », de plus en plus pressante, nous intime l'ordre de ne pas tarder sous peine de devoir nous rabattre sur le Noctambus. Avant de disparaître derrière une porte automatique, Chris, qui part pour une folle nuit de poker, avoue : « En fait, je suis manager dans une boulangerie du côté de Saint-Honoré… Si vous passez un soir vers 20 heures, je vous donnerai des tartes et des brioches. »

Nous attrapons un des derniers métros en fredonnant : « Et si on s'donnait rendez-vous dans dix ans… »

Les jours suivants, j'ai raconté à plusieurs personnes cette soirée à Villiers-le-Bel. C'est étrange, j'ai souvent eu l'impression que beaucoup d'entre elles regrettaient un peu cette conclusion heureuse, qui ne coïncidait pas du tout avec leur vision d'une banlieue violente, forcément violente.

De l'importance du coton-tige

Entre Nogent-Le Perreux et Les Boullereaux-Champigny, lundi 21 décembre

Encore une journée noire. Hier soir, un train du RER C a déraillé à la gare de Choisy-le-Roi ; un accident de voiture avait provoqué la chute d'un bloc de béton sur les voies. Une trentaine de personnes ont été légèrement blessées. Ce matin, il fait moins cinq degrés, la neige a recouvert les champs et les quais, les trottoirs sont de vraies patinoires et une épaisse couche de givre recouvre les pare-brise des voitures. C'est officiellement le premier jour de l'hiver. (Pour moi, réminiscence de mon enfance, l'hiver commence toujours le 1er janvier.) Le froid a également causé des pannes en série sur les Eurostar, dont le trafic est interrompu depuis trois jours. Dans de telles conditions, j'opte pour une matinée à bord du plus récent des RER : le E. Ce n'est pas mon préféré ; il a beau être plus propre, plus moderne, je ne lui trouve pas l'âme du B, pour lequel j'ai un petit faible.

Malgré l'approche de Noël, le climat est particulièrement morose dans la voiture qui se dirige vers Tournan. Une Roumaine passe entre les sièges, tenant la main d'un petit garçon vêtu d'un sweat-shirt et portant sur son sein dénudé un bébé repu. En face de moi, une jeune femme blonde coiffée d'une longue queue-de-cheval se regarde dans un miroir de poche, en ouvrant de grands yeux. Très concentrée, elle étire d'un geste sûr le trait de crayon noir qui souligne ses yeux clairs.

Depuis un peu plus de deux mois, j'ai regardé, sans oser les interrompre, des dizaines de femmes qui, pour gagner quelques minutes de sommeil, se préparent dans le RER. Combien j'en ai vu se métamorphoser en quelques stations !

Nous roulons maintenant entre Nogent-Le Perreux et Les Boullereaux-Champigny. La grande blonde, très apprêtée, a posé à côté d'elle une grosse trousse de maquillage rose bonbon. Calmement, elle en sort des fonds de teint, une poudre libre beige, un baume pour les lèvres, des pinceaux de toutes tailles, des crayons, et même un recourbe-cils.

J'engage la conversation :

« Vous me donneriez un cours de maquillage tout-terrain ?

– Bien sûr ! Premier conseil : tenter de résister aux secousses du train et bien tenir ses ustensiles en main. En revanche, il faut s'habituer aux petits dérapages. »

Pour rattraper les coups de crayon intempestifs que peuvent provoquer ces derniers, le secret de Sophie est de ne jamais sortir de chez elle sans avoir glissé dans sa trousse quelques cotons-tiges.

À en croire cette experte, il faut également faire preuve de beaucoup de prudence et de célérité lorsqu'on se lance dans l'application de vernis à ongles : « En cas de débordement, il faut agir vite pour gratter le vernis qui a débordé avec un ongle avant qu'il ne sèche ! »

Sophie ne se préoccupe pas des remarques ou des regards désobligeants de ses voisins. « Je m'en moque ! Je gagne quinze minutes de sommeil, et il faut bien que je me maquille, non ? »

Non ?

L'agréable sensation de frauder la Saint-Sylvestre

Musée-d'Orsay, jeudi 31 décembre 2009

Il est bientôt 21 heures. Dans les rues de Paris, les filles font déjà claquer les talons de leurs bottines ou de leurs escarpins sur les trottoirs humides et glissants. Sous les doudounes et les écharpes de laine, on devine des robes courtes, des jupes vaporeuses et des cols de chemise bien repassés. De nombreux passants tiennent à la main un sac plastique au travers duquel se dessinent les contours de bouteilles de vin ou de champagne.

Ce soir encore plus que les autres jours, j'ai la nette impression d'aller à contresens. J'ai avalé une tartine, sauté dans mon vieux jean, lacé mes Converse, enfilé mon « manteau-RER ». Je m'engouffre dans les couloirs du métro avec l'agréable sensation de frauder la Saint-Sylvestre, n'ayant d'autre plan que de passer la soirée de banquette en banquette.

Au hasard de mes tribulations, je me retrouve à la gare Musée-d'Orsay, sur la ligne C. Elle est froide et silencieuse. Sur le socle d'un des larges poteaux gris jalonnant les quais, un homme est couché, roulé dans un duvet, ses bagages dispersés autour de lui. Je m'approche. J'entends distinctement une symphonie : au creux de sa main, l'inconnu tient une petite radio.

L'atmosphère est apaisante. Pianos, violons et clarinettes résonnent maintenant dans la gare déserte. L'homme allongé me murmure d'une voix sépulcrale : « Vous avez vu comme on est bien ici ? Je crois que c'est ouvert toute la nuit, je vais bien dormir. »

Il me dira ensuite qu'il est fou de musique classique. « Je suis mille fois mieux que dehors ou dans le métro. Vous voyez, ici, c'est une grande station, il n'y a pas trop de monde et on peut vraiment entendre la musique ! » Les bruits de la rue ne parviennent pas jusqu'à nous, aucun train ne perturbe le silence, la symphonie s'emballe. J'aurais volontiers prolongé la conversation avec lui, mais l'homme enfouit la tête dans son duvet, me signalant ainsi avec tact qu'il est temps que je le laisse se reposer.

À quelques mètres de nous, un couple s'avance. Elle porte un manteau rouge, et de longues anglaises blondes lui tombent sur les épaules. Lui, en pardessus sombre, la renverse contre le poteau d'à côté et l'embrasse fougueusement dans le cou. Ils se parlent à l'oreille, seuls au monde et déjà un peu éméchés. Sans un mot, sur la pointe des pieds pour ne pas les déranger, je quitte le mélomane et les amoureux.

L'heure fatidique approche. Soucieuse de ne pas basculer seule dans la nouvelle décennie, je grimpe dans le premier RER venu, qui me ramène à Saint-Michel. À peine ai-je posé le pied sur le quai qu'une vague de hurlements secoue la station. « Bonne année ! » s'époumone un chœur polyphonique. On s'embrasse sans se connaître, on chante, on saute, sous le regard bienveillant d'un groupe de jeunes gendarmes qui ferment les yeux sur les quelques cigarettes qui rougeoient et les bouteilles, à peine dissimulées, qui passent de main en main. À mes côtés, trois jeunes filles contrariées ont raté leur 31.

« On aurait dû partir plus tôt ! fulmine l'une d'elles.

– C'est de ta faute ! Trois heures pour te préparer ! Et voilà, ça valait vraiment le coup de se faire belles pour être dans le RER ! »

À quelques pas de nous, un couple s'embrasse dans le vacarme ambiant. La jeune femme amoureuse semble répondre aux adolescentes : « Tant pis si on est encore sur le quai ! On ne peut pas rater son 31 quand on est avec l'homme qu'on aime. Même si l'année commence dans le RER ! »

Ils renouent leur étreinte et s'embrassent à bouche que veux-tu.

HIVER

Dans un silence de mort

Gare du Nord, vendredi 1er janvier

La fête aura été de courte durée.

Les amants de Saint-Michel s'embrassent encore quand mon téléphone vibre au fond de ma poche. Mon amoureux ? Non, une amie, affolée, qui me prévient : « Je sais que tu es dans le RER ce soir, surtout évite la gare du Nord, je viens de parler à mon frère, il y est passé et il paraît qu'il y a de la baston ! »

Le devoir m'appelle, mais je suis prise d'un gros doute. Moi, la froussarde, ai-je vraiment envie de me retrouver coincée dans une émeute ? De prendre peut-être un coup de matraque dans la figure et d'offrir à mon bien-aimé, avec les croissants de la nouvelle année, le spectacle d'un sourire édenté ? Après tout, je peux faire comme si je n'avais jamais reçu ce coup de fil et rentrer tranquillement chez moi.

Soudain, dans un élan de conscience professionnelle, je me retrouve dans une rame de la ligne B en direction de la gare du Nord. La nouvelle année a une heure lorsque j'arrive là-bas. Le sol est jonché de bouteilles de jus d'orange, de sacs en plastique, de mégots de cigarettes qui, à certains endroits, forment un tapis coloré.

À l'étage, le spectacle est angoissant. Dans un silence de mort, sur des dizaines de mètres, le long des vitrines, de petites bandes de jeunes font face à des groupes de policiers. La tension est à son comble et la situation peut dégénérer à la moindre provocation. J'ai l'impression de débarquer en pleine guerre froide. La tête souvent couverte, les adolescents ne chahutent pas et affichent des mines d'enterrement. C'est triste, un 31 sous les néons cafardeux de la gare du Nord quand on a à peine 20 ans !

Comme d'habitude, j'essaie de ne pas attirer l'attention et m'efforce de marcher d'un pas décidé. Suivant une ligne Maginot imaginaire, j'avance entre des jeunes et des policiers quasiment immobiles. Les premiers m'observent du coin de l'œil. « Il y a eu des bagarres entre eux, m'explique un policier. C'est à cet endroit exactement que se croisent les jeunes qui descendent des différents RER. Les bandes rivales de toutes les banlieues se rencontrent et ça dérape en quelques minutes. Pour le moment, la situation est sous contrôle. »

Un autre, plus âgé, coupe court à notre échange : « Vous devriez quand même rentrer, maintenant. Il ne faut pas traîner ici. Bonne nuit et bonne année, mademoiselle ! »

Je quitte la mezzanine. Des fêtards titubent sur les quais, des militaires font les cent pas et des couples pressent le pas pour rentrer chez eux. Dans les tréfonds de la gare, des ombres se croisent. Un clochard noir, vêtu de lambeaux, grogne en traînant un paquetage de linges et de journaux.

Métro jusqu'à Montparnasse. J'erre sur la dalle, au milieu de rafales glaciales, hélant des taxis occupés qui traversent Paris à vive allure. La ligne 12 a terminé son service. Impossible de rentrer chez moi ! Je retourne à

Saint-Michel avec la ligne 4, ouverte toute la nuit. J'espère pouvoir prendre le RER C jusqu'à Javel, mais il me faut attendre encore plusieurs heures. Je prends un chocolat dans un café, sympathise avec les clients de la table voisine et retourne à Montparnasse. Je remonte le boulevard, avec ses cinémas, ses brasseries – la Coupole, le Dôme, le Select –, toutes fermées. Et Hemingway qui écrivait que Paris était une fête…

La valse échevelée d'un musicien roumain

Gare du Nord-Roissy, mardi 12 janvier

Ce matin, j'ai rendez-vous avec un jeune accordéoniste roumain dont j'ai fait la connaissance la semaine dernière sur la ligne B et qui m'a promis que je pourrais le suivre pendant toute une journée. Je suis enthousiaste à l'idée d'un tel voyage dans l'univers de ces mal-aimés du RER.

Le jour de notre rencontre, j'avais « fait du RER » pendant près de quatre heures et j'étais de très mauvaise humeur. Il avait surgi, son accordéon à l'épaule, entre Le Blanc-Mesnil et Drancy. Un musicien, il ne manquait plus que cela !

Chemise blanche immaculée, pantalon noir impeccable, chaussures étincelantes, l'homme avait murmuré un « Bonjour, mesdames et messieurs » à peine audible, puis avait ouvert les soufflets de son accordéon. Ses doigts avaient commencé à virevolter sur le clavier et une musique vraiment gracieuse avait envahi la voiture. Certains usagers avaient levé la tête. Moi aussi, j'avais commencé à reprendre goût à la vie. Gare du Nord, je m'étais décidée à suivre mon musicien, qui avait sauté sur le quai et grimpé les escaliers pour aller rejoindre toute une bande de chanteurs et d'accordéonistes stationnés voie 43. Après un court moment d'hésitation, je m'étais jetée à l'eau et lui avait parlé de mon livre. Tout de suite, il m'avait mise à l'aise : « Je suis roumain et je m'appelle Kaliu. Cela veut dire "noir". On m'appelle comme ça parce que j'ai la peau plus mate que les autres membres de ma famille. » Il avait fini sa journée, mais il était d'accord pour que je l'accompagne quelques jours plus tard.

Il est maintenant 9 heures. Les musiciens arrivent au compte-gouttes sur le quai, lestés de leur accordéon, traînant parfois derrière eux un vieil ampli fixé sur une carcasse de Caddie à roulettes. Certains ont à peine 20 ans, d'autres plus de 60. Le premier embarque dans un RER en direction de l'aéroport. Les autres continuent de discuter.

Kaliu, qui vient de rejoindre la troupe, me salue et m'expose les règles du jeu dans un français très correct :

« Le premier arrivé est aussi le premier à pouvoir partir pour un aller-retour jusqu'à l'aéroport Charles-de-Gaulle. On aime cette direction parce qu'il y a beaucoup de touristes. On prend de préférence des trains directs, car il y a moins de risques de tomber sur des policiers ou des contrôleurs. »

Quatre ou cinq de ses compatriotes attendent déjà leur tour. Mon jeune guide sait qu'il a plus d'une heure devant lui avant de pouvoir monter dans une rame. Il m'entraîne vers la boulangerie, à quelques pas, et salue le vendeur pakistanais, qui lui répond en roumain. « C'est bien, tu fais des progrès ! » lui lance-t-il, hilare. Séducteur, il dit maintenant bonjour à une jeune femme qui travaille dans la gare et qui lui sourit. « Je la connais bien, nous sommes sortis ensemble ! » me confie-t-il, toujours jovial. Plus loin, il donne quelques dollars à un SDF indien et échange des tickets-restaurant avec un ami.

À notre retour sur le quai auprès des autres musiciens, nous trouvons une brigade de la police en train de relever les identités et de distribuer des amendes. Accordéons, amplis et micros sont alignés derrière les Roumains, qui enfouissent au fond de leurs poches des contraventions qu'ils ne semblent pas avoir l'intention de payer.

« On a l'habitude, me confirme Kaliu. On ne les paie pas. Et eux, ils savent très bien qu'on ne les paie pas, que ça ne sert à rien, mais c'est comme ça. »

L'ambiance est presque détendue. Les policiers appellent les musiciens par leurs prénoms. « Ils sont sympas, ces flics-là, murmure encore Kaliu, on les connaît depuis longtemps, on rigole même avec eux. Le problème, c'est qu'il y en a d'autres qui cassent nos appareils ou inscrivent de faux motifs pour que nous soyons expulsés. »

C'est ainsi que plusieurs de ses amis ont été contraints, il y a quelques jours, de quitter la France. Kaliu, lui, a été expulsé l'été dernier : aller-retour forcé à Bucarest. Pour prouver qu'il a bien respecté l'ordre de reconduite à la frontière, il conserve dans sa poche son billet d'avion tout froissé.

Les policiers disparaissent. De nouveaux Roumains sont arrivés. Une femme vêtue d'une veste de jogging rose vient discuter avec Kaliu. Puis un homme robuste au crâne rasé et au sourire narquois paraît le taquiner au sujet de ma présence à ses côtés. « Lui, c'est mon oncle, m'explique Kaliu. Les autres sont tous des amis très proches. Nous venons du même village. En attendant notre tour, nous discutons beaucoup, nous jouons aussi, par exemple aux jeux de mains, quand il faut éviter la tape de l'autre ! » Il me fait une démonstration. J'ai l'impression d'être dans une bulle. Les éclats de rire des musiciens et leur langue chantante se mêlent aux annonces des haut-parleurs et aux grondements des trains.

Le tour de Kaliu arrive enfin. Sur le quai, trois autres jeunes musiciens chahutent avec un grand-père qui vient de débarquer. Au moment où Kaliu grimpe dans le RER, un de ses amis tente de monter avec lui. « Non, va-t'en ! » lui crie-t-il en faisant barrage devant la porte. « Je l'aime bien, m'explique-t-il, c'est un ami, mais il ne sait pas jouer, il ne fait ça que pour l'argent. Il joue un morceau et change de wagon. Moi, je ne fais pas comme ça. Je choisis au moins trois ou quatre chansons en fonction du public : des valses pour les personnes âgées et de la musique roumaine pour les plus jeunes. »

Maladroitement planté devant la porte du wagon, il murmure son « Bonjour mesdames et messieurs », puis promène les doigts de sa main droite sur les touches de son accordéon. Les notes valsent dans la rame. Je me mets à rêver : Kaliu dirige une grande formation devant des spectateurs en smoking, assis sur des sièges de velours rouge, à Bucarest ou à Budapest. J'imagine aussi ces passagers du RER B tourbillonnant au son d'un orchestre tzigane au milieu d'une fête populaire dans un village roumain.

L'interruption de la musique met fin à ma rêverie. Kaliu salue et commence à passer, tête baissée, entre les banquettes en présentant un gobelet en carton. Pratiquement toutes les personnes présentes fouillent dans leur porte-monnaie et lui glissent une ou deux pièces. « Super ! » lui souffle un touriste américain, le pouce en l'air.

Nous passons dans la voiture suivante par la porte de séparation – quand elle est fermée, le musicien utilise une clef de la SNCF, un outil très recherché… Là, Kaliu recommence à jouer.

Une demi-heure plus tard, nous arrivons à l'aéroport. Juste le temps de changer de quai pour refaire le trajet en sens inverse. « Je déteste faire la manche, me confie Kaliu. J'ai l'impression d'être comme les autres Roumains, de mendier. Moi, je suis un vrai musicien, je joue souvent pour les mariages et les soirées. J'ai appris la musique tout petit. » Il me montre en souriant une de ses dents, ébréchée : « C'est ma mère qui me l'a cassée, quand j'étais plus jeune. Elle m'a donné une petite claque parce que j'avais mal joué et je me suis cogné contre l'accordéon ! »

Les mêmes paysages qu'à l'aller défilent devant mes yeux fatigués : vue plongeante sur des jardins brumeux et désolés, une pelle et un seau laissés à l'abandon, des balançoires figées sous une épaisse couche de givre.

Sur le quai, c'est de nouveau l'attente. Kaliu compte son butin en silence. Les mauvais jours, il gagne une dizaine d'euros ; les meilleurs, il lui arrive de récolter jusqu'à cinquante euros. Le SDF indien auquel il a donné des dollars plus tôt dans la matinée est encore là. Il ne comprend pas tout de ce que disent les musiciens, mais il a l'air de se sentir bien auprès d'eux. Le grand-père roumain, accordéon à l'épaule, monte dans un direct.

Moins d'une heure plus tard, notre tour revient. Les mêmes airs, le même tintement des pièces qui s'entrechoquent dans le gobelet en carton. De nouveau, le Sacré-Cœur qui s'éloigne et le train qui oscille entre des barres d'immeubles aux fenêtres étroites et un terrain de football désert. Je suis déjà épuisée par ces allers-retours. Dans une station, je contemple, rêveuse, une publicité montrant des chalets en bois sombre, une montagne bleutée, des télésièges, surmontés du slogan : « Partir au ski ! »

À Roissy, nous faisons de nouveau demi-tour. Alors que les escalators emportent les autres voyageurs vers New York, Bombay ou Rio, nous repartons vers la gare du Nord. À midi, nous avalons des gaufrettes et des sandwichs et remettons le cap sur l'aéroport.

Kaliu finit sa journée vers 17 heures. Ce soir, à Roissy, il retrouve sa mère, également chanteuse dans le RER. Cette femme à la peau mate et au regard noir, dur et méfiant m'intimide. Apercevant son fils, elle grommelle quelques mots en roumain, puis remet en place le col de sa chemise. Tous deux prennent place dans la rame en direction d'Aulnay-sous-Bois, où ils occupent une petite maison avec d'autres Roumains. Kaliu m'explique qu'au début de leur séjour en France ils dormaient dans une voiture, près de la gare. Jusqu'au jour où un homme inconnu a tapé sur la vitre et leur a proposé de leur prêter sa maison.

Dans le RER, Kaliu joue quelques notes pour nous, assis cette fois. D'abord en retrait, la maman observe son fils avec fierté, puis branche son micro. D'une voix grave et chaleureuse, elle entonne une chanson espagnole. Leur musique semble maintenant accompagner le train dans la lumière rosée inondant les villes qui défilent sous nos yeux.

Hichem, Nietzsche et la belle inconnue

Châtelet-les Halles, mercredi 13 janvier

18 heures pile à Châtelet-les Halles. Tous les écrans annoncent des retards dus aux intempéries : il y a du verglas sur les voies. J'attends un étudiant qui a accepté de me rencontrer pour me parler d'amour.

Depuis le début de mon aventure, j'ai croisé beaucoup d'usagers du RER qui m'ont dit être devenus « copains de train ». Et pourquoi pas amoureux ? Pas facile d'enquêter sur ce sujet. Les uns éclatent de rire et se détournent. D'autres se montrent agressifs, pensant que je me moque d'eux, comme cette femme, la quarantaine pincée, qui m'a envoyée promener en montrant la rame d'un doigt méprisant : « L'amour dans cette bétaillère ? ! » La plupart se contentent de hausser les épaules ou de me remettre plus ou moins poliment à ma place : « Vous êtes bien indiscrète, mademoiselle ! »

Un matin de janvier, en gare de Saint-Chéron, un de mes voisins, la petite trentaine, costume sombre et bonnet noir, se montre d'abord abasourdi par mes questions, puis me dévisage et me sourit en me montrant son alliance : « Pour moi, ce sont des histoires de jeunesse. Il fallait arriver avant ! Je peux quand même vous dire que, pour certains, le RER est un vaste terrain de jeux et que vous allez en avoir, des histoires à raconter !... »

Encore faut-il les trouver, ces Roméo et Juliette du RER.

En désespoir de cause, j'ai décidé de répondre aux petites annonces lancées, comme autant de bouteilles à la mer, sur le site Internet du quotidien *Métro* par des voyageurs cherchant à retrouver celui ou celle qui leur a fait tourner la tête au détour d'un couloir. J'espère que ma sincérité va payer : *« Pardonnez-moi si je vous ai fait une fausse joie : je ne suis pas [la fille gracieuse des Halles, la femme au regard de braise de Joinville-le-Pont, le bel Antillais de la ligne C...], mais j'écris un livre sur la vie quotidienne du RER et je m'intéresse aux rencontres amoureuses dans les transports en commun... »*

C'est avec une certaine excitation que j'ai ouvert le premier mail de réponse, envoyé par un dénommé Nicky Larsen, tombé en adoration devant une « femme d'âge mûr » dans le RER E. Je l'ai attendu quarante-cinq minutes sur le quai de la gare à Saint-Lazare. Il n'est jamais venu.

Ce mercredi, je suis donc un peu dubitative en attendant mon deuxième rendez-vous. Va-t-il lui aussi me faire faux bond ? J'ai lu et relu l'annonce qu'il a postée quelques semaines plus tôt sur le Net et je m'en remémore le texte :

« Dernière chance. Sur les quais du RER B à Châtelet en direction de Saint-Rémy (ou Massy). Toi et moi avons échangé beaucoup de regards et tu déambulais avec grâce sur le quai devant moi avant de te poster en face de moi. Moi, j'étais le mec un peu avachi contre le mur avec mon sac à dos et un autre sac de sport à mes pieds, habillé tout en bleu sombre (jean-veste-pull) et

un bonnet gris sur la tête. J'avais un petit bouquin (de "politique monétaire") à la main. Tu es descendue à Luxembourg. J'ai fait le con. Je l'ai regretté instantanément et le regrette toujours. »

Mon téléphone vibre. J'aperçois un peu plus loin un beau mec au regard ténébreux, un portable contre l'oreille. Il s'appelle Hichem, porte un bonnet en laine gris et une veste assortie.

Nous nous installons à une terrasse chauffée près du Forum des Halles. À l'intérieur, un poste de télévision diffuse des images épouvantables du tremblement de terre survenu cette nuit en Haïti.

Hichem, étudiant en économie de la santé, me raconte son coup de foudre : « C'était un soir, environ 22 heures, à la fin de l'année dernière. Je rentrais laver mon linge sale chez mes parents à Massy-Palaiseau. Depuis quelque temps, je n'étais plus banlieusard. Je lisais vaguement un ouvrage de politique monétaire en attendant un RER déjà retardé, quand j'ai croisé le regard d'une jeune voyageuse habillée tout en noir. Elle parlait fort, le menton levé, elle avait un petit côté exhibitionniste. Allez, moi je me promène bien parfois avec des livres de Nietzsche pour faire croire que je les lis ! »

La jolie passante aux yeux clairs et aux longs cheveux bruns lui a lancé plusieurs coups d'œil. Hichem, lui, « s'est contenté » de la détailler longuement du regard, depuis le long gilet noir jusqu'aux bottes grises, aux fines chaînes qu'elle portait autour du cou, au magazine – *Shot* – qu'elle tenait à la main…

« Je l'ai trouvée tellement gracieuse et à l'aise ! Cela peut paraître stupide, mais elle m'a semblé heureuse. » Quand le RER est enfin entré en gare, elle a planté son regard dans le sien avant de s'y engouffrer.

Malheureusement, Hichem, intimidé, a pris une autre porte. « Je n'en reviens pas d'avoir fait cette connerie, se lamente-t-il encore aujourd'hui. Je ne drague jamais, j'attends que les femmes me choisissent. J'ai immédiatement regretté de ne pas avoir eu le courage de l'aborder. »

Les jours suivants, Hichem tente d'utiliser les moindres indices dont il dispose pour retrouver la jeune fille. Puisqu'elle avait un magazine de photos à la main, il tape sur Google « école de photographie Paris ». Autant chercher une aiguille dans une botte de foin... Il passe une annonce sur le site de *Métro*. Il retourne voir ses parents la semaine suivante en s'arrangeant pour se trouver sur le même quai, le même jour, à la même heure. « J'étais comme amoureux, j'en ai rêvé, avoue-t-il. Je nous voyais déjà nous promenant tous les deux au jardin du Luxembourg. Elle était le portrait typique de l'étudiante parisienne. C'est un de mes fantasmes, peut-être parce que je viens de la banlieue et que je suis d'origine algérienne. »

Aujourd'hui, Hichem se résout à tirer un trait sur cette passagère, mais il se promet d'être moins timide à l'avenir. « Je suis peut-être passé à côté de quelque chose, mais j'ai quand même vécu un moment rare. C'est ce qu'il y a de plus doux, de se regarder, de se sourire au milieu de cette foule indifférente. On a d'un seul coup l'impression de sortir du troupeau. »

Alors, si une jeune fille aux yeux clairs qui possède un long gilet noir et des bottes grises lit ces lignes, qu'elle se manifeste : en toute honnêteté, il est assez canon, Hichem.

« Pro- » et « anti- » chiens

Nanterre-Préfecture, mercredi 20 janvier

En cette fin d'après-midi grise et pluvieuse, le RER A s'arrête sans crier gare juste après la station de Nanterre-Préfecture. Un bruit court dans la voiture surchargée : c'est un chien perdu sur les rails qui serait la cause de cet arrêt intempestif. Une femme assez grande, la quarantaine, très maigre, pas très élégante avec ses lunettes sévères et son ensemble en jean, s'exclame : « Le pauvre chien, j'espère qu'ils ne vont pas lui faire de mal ! »

Une superbe Noire vêtue de cuissardes en cuir et d'un blouson griffé :

« On est déjà en retard à cause des grèves, on ne va pas en plus attendre que monsieur le chien veuille bien déguerpir !

– Vous ne voulez quand même pas que le train lui roule dessus ?

– Et pourquoi pas ? Chez nous, vous savez, les chiens…

– Ah oui, chez vous !…

– Vous êtes raciste, vous !

– La preuve que je ne suis pas raciste, c'est que j'ai épousé un Africain !

– Heureusement qu'il y a des Africains pour épouser des boudins comme toi ! »

Ainsi fut dit.

Violences gratuites et peur dans la rame

Entre Auber et Noisy-Champs, jeudi 21 janvier

En navigant sur Facebook, je tombe sur un groupe de soutien à Nicolas, agressé ce lundi dans le RER. J'ai envie d'entendre son témoignage. Il me donne rendez-vous en fin d'après-midi, dans un café à quelques pas de la station Guy-Môquet. Âgé de 26 ans, l'allure juvénile, Nicolas, un habitué du RER A, n'avait jamais eu aucun problème sur son trajet entre son lieu de travail, à Noisy-Champs, et la station parisienne d'Auber.

Lundi soir, il monte au fond du dernier wagon. Environ huit personnes l'entourent. À Noisy-le-Grand - Mont-d'Est, il entend murmurer deux jeunes hommes qui l'observent en coin. « J'étais très mal à l'aise, se souvient-il. Je ne sais pas pourquoi, j'ai senti que ça allait me tomber dessus. »

Un des jeunes engage la conversation et lui demande où il habite. « J'ai répondu Paris, en sachant très bien que cette question bête n'était qu'un prétexte. » Ses deux agresseurs lui réclament un euro, puis son téléphone portable. « Comme je refusais, l'un d'eux a glissé sa main dans ma poche. Je l'ai repoussé et il m'a violemment frappé au visage. » Le deuxième homme arrive alors et lui assène un gros coup sur la tête. Nicolas s'effondre. Au sol, il reçoit de nombreux coups de pied au visage. « Je sentais que rien ne servait de résister. Si on s'en sort avec un, un deuxième arrive, et puis un troisième… Pendant qu'ils me frappaient, je criais : "Arrêtez ! Arrêtez !" Je voyais en face de moi deux Asiatiques encore plus apeurés que moi. D'autres hommes regardaient, tétanisés. J'avais l'impression que c'était un spectacle et que j'étais au centre de la scène. »

Les agresseurs le laissent à terre au milieu d'usagers terrorisés et s'attaquent à un autre homme au fond du wagon.

« Je suis descendu à Val-de-Fontenay, poursuit Nicolas. Je les ai vus traîner un mec vers les escaliers. Moi, j'avais la gueule en sang. Je pensais trouver des flics à cette station, mais ce jour-là je n'ai pas eu de chance. »

À un guichet de la RATP, il fait une déposition, appelle ses proches et soigne ses blessures. « Je n'ai pas voulu reprendre le RER A, donc j'ai pris le E jusqu'à Saint-Lazare, où je suis allé au commissariat. »

Il raconte son histoire aux agents de police, décrit ses agresseurs – deux hommes, peut-être trois, de type africain, vêtus de noir.

Pendant deux heures, l'adrénaline avait atténué la douleur, mais elle commence à se faire sentir. Nicolas décide de se rendre à l'Hôtel-Dieu pour se faire ausculter. « J'ai eu une migraine atroce, ma joue et la partie supérieure de mon crâne avaient enflé. Je ressemblais à un hamster. J'avais des griffures, une balafre sur la pommette droite et de gros hématomes sur le visage. » Le médecin lui prescrit une interruption de travail de quatre jours. « C'était nécessaire : le lendemain de l'agression, j'ai commencé à entendre des bourdonnements dans mon oreille droite. Trois jours après, ça allait mieux, mais psychologiquement ce n'est pas si simple ! »

Les nuits suivantes, Nicolas repense à l'agression, revoit ses assaillants dans des flashs. Il est partagé entre la frustration, l'envie de leur donner une bonne correction et l'amertume d'avoir été tabassé en public sans que personne lui soit venu en aide. « Le plus douloureux, ç'a été de reprendre le RER le lundi soir suivant. Quand on se sent en insécurité, on change ses habitudes : maintenant, je me mets dans le premier wagon, à l'étage du bas. Je vais être très prudent dans les mois à venir, puis après ce sera sûrement oublié. »

Nicolas regrette que la police ne soit pas plus réactive et que sa déposition n'ait pu être enregistrée que bien après l'agression : « Dans ces cas-là, on aimerait que tout se passe vite, qu'on s'occupe de nous. On voudrait revoir la vidéosurveillance. Mais ce n'est pas possible. On ne les retrouvera sûrement pas. C'est de la violence gratuite qui se fait en toute impunité. »

Ginette, hier libraire, aujourd'hui mendiante

Entre Paris et Roissy, lundi 1er février

Petit coup de cafard. L'hiver est rude, qui donne davantage envie de dîners entre amis que de quais balayés par le vent à Massy-Palaiseau ou au Vésinet-Le Pecq. Et puis je me sens parfois un peu seule dans le RER. Alors, en ce début d'après-midi, je décide de faire un saut sur la voie 43 de la gare du Nord pour prendre des nouvelles de Kaliu et des autres musiciens roumains. Je suis rassurée de savoir qu'ils sont toujours là et que je peux passer les voir à n'importe quel moment de la journée.

En effet, ils sont tous présents, bavardant dans leur monde à part, au cœur de la foule. J'aperçois Kaliu, ses bonnes joues et son regard brillant, assis un peu en retrait, qui examine son piano à bretelles. Nous bavardons un moment. Il me montre la petite paire de baskets blanches abandonnée sur un fauteuil : il va l'offrir à sa nièce.

Soudain, le groupe s'écarte pour laisser passer une frêle silhouette que je connais bien. Cheveux gris, yeux bleu clair, lunettes à fine monture dorée, elle a le physique d'une grand-mère ordinaire. Seules ses dents abîmées témoignent de la précarité dans laquelle elle vit. Je sais qu'elle s'appelle Ginette et qu'elle fait la manche dans le RER. Voilà des semaines que j'essaie d'amorcer un dialogue avec elle. Pudique et méfiante, elle s'est toujours arrangée pour me fausser compagnie, et m'a même posé un lapin un jour où nous étions convenues de nous retrouver sur le quai pour prendre un café. Je suis surprise de la voir comme en famille au milieu des musiciens roumains.

Lorsqu'elle m'aperçoit, Ginette semble aussi étonnée que moi. « Ah, vous la connaissez, la dame ? » demande-t-elle aux musiciens. Je réponds à leur place et j'en profite pour engager la conversation :

« Oui, nous avons un peu discuté. Et vous, vous les connaissez depuis longtemps ?

– Quelques mois. Je les aime bien, ces jeunes Roumains. Ils ont moins de chance que moi. »

Elle se met à leur distribuer des tickets-restaurant et s'adresse au plus jeune :

« Tu n'oublies pas de le donner à ton copain, hein ! Il n'en a pas eu, lui. Promis ?

– Oui, c'est promis », répond le gamin dans un français impeccable – et pour cause : il est allé au collège à Stains, sur la ligne D, avant de prendre la décision de gagner sa vie dans le RER.

« Nous aussi on l'aime bien, Ginette, elle est gentille avec nous, reprend Kaliu. Le seul problème, c'est qu'elle ne fait pas la queue pour les RER direct Roissy. Quand elle monte dans le train, ça ne sert à rien de jouer ! On sait qu'on n'aura rien. Tout le monde préfère lui donner, et nous c'est plus la peine… »

Rassurée par la présence des Roumains, Ginette accepte de se livrer un peu et m'autorise à l'accompagner pour un voyage jusqu'à Roissy. Chaque jour, aux alentours de 14 heures, elle grimpe dans un train direct en direction de l'aéroport – comme Kaliu, elle choisit les directs pour éviter de tomber sur la police ou les contrôleurs.

Un RER entre en gare. Une fois montée, elle parcourt l'allée en déposant sur tous les sièges un papier portant ces mots : *« J'ai 64 ans et je n'ai pas encore touché ma retraite. Aidez-moi d'une petite pièce ou d'un ticket-restaurant pour avoir un bon repas et dormir au chaud ce soir. »*

Les voyageurs paraissent étonnés et émus. Ginette n'a pas le « profil » des mendiants habituels. Elle pourrait être leur mère ou leur grand-mère. Beaucoup déposent une pièce dans sa main gracile et esquissent un sourire gêné. De voiture en voiture, c'est la même scène pesante, le même embarras aussi. Arrivées à Roissy, nous faisons demi-tour, exactement comme avec Kaliu quelques jours plus tôt. Toujours en silence, Ginette reprend sa distribution, ramasse ses papiers, récolte quelques pièces et s'éclipse discrètement.

De retour sur le quai de la gare du Nord, Ginette m'en dit un peu plus. Elle fait la manche dans le RER depuis presque un an. Elle a choisi le RER parce qu'elle s'y sent plus à l'aise que dans le métro. « Ce ne sont pas les mêmes gens et il y a plus d'espace. C'est aussi plus discret. En tout cas, moi, je m'y sens bien. »

Arpentant le quai, elle me dit sur le ton de la confidence :

« J'ai été licenciée de la librairie dans laquelle je travaillais, dans le Ve arrondissement. Le patron a mis la clé sous la porte sans prévenir personne. J'avais déjà divorcé quelques années plus tôt, et, avec ce licenciement, je suis tombée dans la précarité. Les jeunes ont retrouvé du travail, mais pas moi. Depuis, je me bats aux prud'hommes et pour faire avancer mon dossier de retraite. »

En attendant, elle touche une petite allocation de la mairie de Paris et loue une chambre « correcte » à vingt-cinq euros la nuit dans un petit hôtel entre la gare du Nord et la gare de l'Est. « Il fallait trouver un moyen de payer ma chambre, pour ne pas dormir dehors. La première fois que je suis allée dans le RER, c'était très difficile à vivre. Je me suis sentie très mal, j'avais un grand dégoût de vivre ça après des années de travail. On se dit toujours que ça ne peut pas nous arriver à nous ! »

Tout en parlant, nous regagnons la voie 43. Ginette triture sa jolie bague dorée, peut-être un vestige d'une époque plus heureuse. « D'ici à deux mois, je pense que tout va rentrer dans l'ordre », affirme-t-elle dans un élan d'optimisme. A-t-elle encore de la famille ? « J'ai une sœur en Bretagne. Peut-être que je vais aller la voir bientôt. Mais pas d'enfants. Non, sinon je ne serais pas là. »

Ginette fait un pas en arrière et me regarde l'air de dire : « C'est fini, c'est bon ? Tu n'as pas d'autres questions ? » Une façon de m'annoncer qu'elle va, une nouvelle fois, me fausser compagnie.

Avec Kaliu, nous la regardons embarquer pour son deuxième voyage de la journée. « C'est triste qu'elle n'ait pas de famille, la dame », murmure le musicien.

Les angoisses d'Irène

La Croix-de-Berny, mercredi 3 février

« Avancez dans l'allée ! Allez, allez ! S'il vous plaît, faites un petit effort ! » Ah, ces passagers à l'âme de moniteur de colonie de vacances, qui, les jours de grande foule, s'improvisent chefs de ligne et tentent de canaliser le flux des usagers exaspérés ! Je devrais les apprécier. Ou au moins approuver leur action citoyenne. Eh bien, non. Ils ont le don d'exacerber ma colère. Comme en ce mercredi, jour de grève. Il est 9 heures, je viens de monter dans le RER B à Saint-Michel, direction Saint-Rémy-lès-Chevreuse. Écrasée dans un coin entre un carton à dessin et le mur jaune crasseux du train, je ronge mon frein en entendant un « chef », que je ne vois pas, commander les manœuvres tel Napoléon à Austerlitz : « Allez, allez, il y a encore de la place au fond ! »

On se serre pour laisser entrer les « nouveaux », on se raidit, on se recroqueville, on se presse les uns contre les autres, tout en évitant le regard de son voisin. Les portes se ferment, les vitres transpirent une buée suspecte. J'étouffe avec mon col roulé, mes collants sous mon jean, mon manteau noir et mon énorme écharpe en laine. Malheureusement, il ne fait pas très froid aujourd'hui !

Une heure plus tard, sur le chemin du retour, je fais escale pour la première fois à la station La Croix-de-Berny, sur la commune d'Antony, à moins de dix kilomètres de la porte d'Orléans. Sur le quai, je fais la connaissance d'Irène. Drôle d'aventure. Je pensais aborder une passagère lambda, histoire de ne pas faire le trajet toute seule et de recueillir éventuellement quelques infos, et me voici en compagnie d'une gentille phobique, aussi angoissée qu'angoissante.

À bien y réfléchir, c'est vrai qu'elle n'avait pas l'air tout à fait normale, Irène, quand elle dévorait des yeux le panneau d'affichage, son sac pressé contre son corps ! Nous sommes sur le point de monter dans la rame lorsqu'elle m'annonce que les transports en commun la terrifient. Tiens, je n'avais encore jamais rencontré ce cas de figure ! En cet instant même, me dit-elle, elle se fait violence pour aller voir ses petits-enfants à Conflans-Sainte-Honorine, à vingt-cinq kilomètres au nord-ouest de Paris.

Elle monte, mais je sens bien qu'elle a la gorge sèche et qu'elle résiste à l'envie de prendre ses jambes à son cou. Elle s'installe, les lèvres pincées, près de la porte de sortie. Le train démarre et elle rit nerveusement : « Je m'installe systématiquement près de la porte. J'aime avoir l'impression que je peux m'enfuir. Je crains la proximité avec les autres, la sensation de suffoquer, l'agressivité ambiante. J'ai peur d'une explosion de violence, peur de faire une erreur et de déclencher la colère de quelqu'un. »

Pour tromper ses angoisses, Irène a mis au point quelques astuces. Elle ne voyage jamais sans un magazine de jeux – des mots fléchés, des mots casés... de quoi se donner une contenance. Si elle croise une personne qui lui paraît folle ou ivre, elle baisse la tête et fait semblant de chercher quelque chose au fond de son sac. Pour elle, un voyage en RER peut être plein de mauvaises surprises : « Un psychopathe par-ci, un accrochage entre usagers par-là, un suicide ailleurs… Pas si facile de survivre dans cette jungle urbaine… »

En passant à Bourg-la-Reine, je jette un œil sur les maisons bordant la voie pour vérifier s'il n'y a pas à la fenêtre de l'une d'elles un petit bout de femme qui regarde passer le train. Il y a quatre mois, je rencontrais Colette !

Pendant ce temps, Irène tente de contenir son stress. « Quand je suis avec ma famille dans le RER, ça se passe mieux. Je suis entourée et moins paniquée. J'ai parlé de ces problèmes à mon médecin, il m'a dit que ce n'était que du stress. Il n'y a rien à faire. »

Le RER entre en gare de Châtelet-les Halles. Irène se tait et se concentre sur sa sortie. Veillant à ne bousculer personne, elle descend du train, furtivement. Perdue sur le quai, elle fronce les sourcils et cherche du regard des indications sur des panneaux. Comme à chaque étape importante de son trajet, elle fait une courte halte pour téléphoner à sa fille, qui viendra la chercher à la gare de Conflans - Fin-d'Oise. « Je l'informe régulièrement de ma position, juste au cas où… »

La station est bondée. Irène, de plus en plus oppressée, refuse que je l'accompagne plus loin. Je lui demande où je pourrais éventuellement la joindre : elle me dit qu'elle n'a pas d'ordinateur et qu'elle ne connaît pas son numéro de téléphone. Sa respiration se fait de plus en plus forte, elle baisse la tête et commence à chercher quelque chose dans son sac. C'est le signal.

Je la vois se glisser dans la file ininterrompue qui piétine vers l'escalator. Avec un certain soulagement : à la longue, elle aurait presque réussi à m'angoisser.

Le don Juan des régulateurs de flux

Saint-Michel - Notre-Dame, lundi 8 février

À la station Saint-Michel - Notre-Dame, j'observe depuis de longues minutes les touristes qui descendent des rames par dizaines, appareil photo autour du cou, guide à la main. J'envie ceux qui, dans un instant, découvriront la fontaine Saint-Michel, la cathédrale, l'île de la Cité, les cafés et les bouquinistes. Tandis que je m'approche pour interroger certains d'entre eux sur ce qu'ils pensent du RER, je vois débouler plusieurs hommes jeunes vêtus de blousons rouge vif portant en lettres blanches l'inscription « Régulateurs de flux ». Tout en plaisantant, ils se positionnent en bordure de quai, à quelques mètres les uns des autres. Un de mes voisins ironise : « Maintenant ils nous ont mis des pousseurs, comme au Japon ! »

Je décide de m'intéresser à ces agents chargés de gérer la montée et la descente des usagers aux heures de pointe. Apparemment, aujourd'hui, le trafic est fluide et tout se passe sans difficultés. En voyant une grande et belle femme brune en imperméable gris descendre d'une voiture et sourire furtivement à l'un des hommes en rouge, j'ai comme l'intuition qu'une tout autre partie se joue sur ce quai.

Jaffr, 23 ans, grands yeux verts et sourire timide, reconnaît que ses collègues et lui parviennent à pimenter un travail plutôt répétitif : « Pour tout vous dire, nous avons inventé un jeu : celui qui ramène le plus de numéros de téléphone de voyageuses a gagné ! » Jaffr admet qu'avec un numéro tous les deux ou trois jours il aura du mal à décrocher la palme du « don Juan des régulateurs de flux ». Haussant la voix, car un RER entre en gare dans un vacarme terrible, il m'avoue cependant qu'il a déjà revu plusieurs fois une fille rencontrée il y a quinze jours. « Il y a eu un bon feeling. Tout a commencé par une question sur un itinéraire, puis nous nous sommes recroisés, et elle m'a dit : “Ça va te surprendre, mais tu pourrais me donner ton numéro ?” Cela peut devenir sérieux. Qui sait ? On s'entend bien pour l'instant ! »

« Comment on fait pour aller à Choisy ? interroge une dame corpulente boudinée dans son manteau bleu clair.

– Ouh là là ! Ça va être compliqué, ça ! » lui répond Jaffr en riant.

Il lui indique le chemin et elle lui sourit à son tour, rassurée.

Sur le quai d'en face, les collègues de Jaffr nous observent d'un air goguenard. « Eux, m'explique-t-il en les désignant d'un index narquois, ils n'ont affaire qu'à des touristes qui vont vers Champ-de-Mars - Tour Eiffel. C'est plus difficile pour nouer une relation. Ici, ce sont des Parisiennes qui vont travailler et que nous pouvons éventuellement revoir. »

Une dizaine de voyageurs lui tombent dans les bras en descendant d'une rame, tandis que d'autres poussent pour embarquer. Le signal retentit, il peut respirer quelques minutes. Il désigne un collègue posté à l'autre extrémité du quai. « Allez voir celui-là, il est tellement doué qu'entre nous on le surnomme "Bachelor" ! »

Will, un grand et svelte Antillais au regard espiègle, reconnaît sa supériorité : « Oui, je suis sur le point de gagner le concours ! Mon record ? Je crois bien que c'est neuf numéros dans la journée. Il faut jouer sur la situation. Si elle est en train de lire, il faut tenter quelque chose avec le titre du bouquin, essayer une petite blague. On peut aussi demander où elle va et voir si le courant passe. »

Will montre son uniforme un peu ridicule : « En plus on part avec un handicap : avec ces trucs, on ressemble tous à Mario Bros ! Mais, en même temps, je me dis que ça peut avoir un côté rassurant pour les femmes. »

« C'est le bon RER pour la bibliothèque François-Mitterrand ? s'enquiert un petit homme chauve, visiblement inquiet.

– Oui, oui. Allez-y, en voiture, monsieur ! »

Deux jeunes filles, jeans slim et hautes queues-de-cheval, accourent sur le quai et tentent d'ouvrir la porte déjà close du RER.

« Laissez tomber les filles ! C'est trop tard ! » leur lance Will, un sourire carnassier aux lèvres.

Le sommeil du juste

Louvres, jeudi 11 février

Ce matin, assise à l'étage d'une rame du RER D circulant en direction de Paris et arrêtée à la station Louvres, j'entends non loin de moi un ronflement puissant et régulier. « Oh non, le train n'arrête pas de merder et il y a un type… eh ben carrément : il ronfle ! » enrage ma jeune voisine, un portable collé contre l'oreille. « Ce n'est pas déjà lui qui ronflait la dernière fois ? » demande à son ami une élégante jeune femme debout dans l'allée.

Alors que le ronflement se fait plus intense, je cherche à apercevoir le coupable. C'est un jeune homme blotti contre la fenêtre, le visage enfoui dans une grande écharpe moelleuse et le crâne au chaud sous une chapka fourrée. On dirait qu'il est sous sa couette, la joue collée à la fenêtre comme si c'était un oreiller douillet. Tous les regards se tournent vers lui. Un quinquagénaire à la peau mate assis à proximité hausse les épaules, l'air étonné, et sourit aux autres usagers. Des rires discrets montent maintenant dans le voisinage du jeune homme, mais sa bulle, chaude et engourdie, semble indestructible. Nouveau grognement du ronfleur ; je réprime un fou rire. Nous sommes à présent tout à fait persuadés qu'il va louper sa station. Devrions-nous le réveiller ? Je pense à un film des années 1970 dans lequel on voit une femme s'endormir dans un train de banlieue et se réveiller, toute seule, au terminus de la ligne.

Miracle : alors que le train entre en gare de Châtelet-les Halles, il ouvre brusquement les yeux, se lève mécaniquement et descend sur le quai. Je le rattrape *in extremis*. Le regard encore un peu trouble, il me dit en marmonnant que depuis quelques mois il a pris cette habitude de s'endormir dans le RER. « Je dors environ 40 minutes, entre Survilliers-Fosses et les Halles. Cela peut paraître bizarre, mais j'arrive vraiment à plonger dans le sommeil et cette petite sieste me fait un bien fou. »

Lorsque je lui fais remarquer qu'il ronfle dans un wagon bondé, il sourit, embarrassé : « Ça me gêne vraiment beaucoup ! Quand je m'en aperçois – c'est assez rare –, j'essaie d'arrêter. Mais je me rendors systématiquement. Et je ne sais pas comment, mais je ne loupe jamais ma station… »

Mon « cinq cent unième » est un poète !

Fontenay-aux-Roses, mercredi 24 février

Souvent, pour passer le temps, je me livre à des calculs savants. Ce matin, par exemple, alors que j'attends le train en gare de Fontenay-aux-Roses, une ville coquette à cinq kilomètres de Paris, je cherche à déterminer le nombre de personnes à qui, depuis que j'ai commencé mon enquête, j'ai demandé : « Comment occupez-vous vos trajets quotidiens ? » Je déduis d'un court et très approximatif raisonnement que je ne dois pas être loin du chiffre fatidique de cinq cents ! Cinq cents pauvres usagers que j'imagine rentrer chez eux le soir et raconter à leurs proches qu'ils ont été entrepris par une jeune journaliste qui leur a posé des questions idiotes.

J'en suis là de mes réflexions quand je vois débarquer sur le quai celui qui sera mon « cinq cent unième » : un jeune homme de moins de 30 ans, bonne tête, anorak rouge et lunettes. Je me présente et lui pose ma question habituelle. Sa réponse fuse : « J'écris. Surtout des poèmes. » Il y a un dieu du RER : mon cinq cent unième sera donc un poète ! Et il s'appelle Aymeric !

Dans la rame qui fait route vers Paris, il me fait partager ses impressions, la façon dont il se laisse happer par les paysages. « Cela peut paraître paradoxal, mais je parviens vraiment à m'isoler ici. Il y a la liberté, le voyage, et cela se prête davantage à l'inspiration qu'un mur et un bureau. Il y a de la vie, et je me surprends parfois à écrire ici des passages que je ne parviens pas à trouver chez moi. »

Il suffit de petits riens, un vol d'oiseaux au printemps, des flocons de neige en janvier ou le scintillement des lumières de la ville dans la nuit, pour qu'Aymeric sorte sa plume de sa besace. Parfois, il lève de son siège et se déplace de quelques pas pour mieux apprécier une perspective. « J'ai des lieux favoris, comme par exemple cette percée avec l'autoroute, entre Laplace et Gentilly. Soudain, il y a cette vue qui se dégage. »

Je comprends cette sensation, celle d'être aux premières loges. Tôt le matin, entre chien et loup, sillonnant la banlieue dans une rame de RER, j'aime guetter la fenêtre qui s'éclaire, les routes qui se constellent de paillettes rouges et blanches, les lampadaires qui déclinent et les usagers qui commencent à s'entasser sur les quais.

Aymeric me fait penser à Marc, un autre voyageur rencontré au mois de décembre à la gare Saint-Lazare. Agent immobilier, il avait toujours rêvé d'être photographe. Le soir, pendant le trajet pour rentrer chez lui, à Chelles, il sortait son appareil et souvent, en douce, tirait le portrait des voyageurs. « Ce qui me fascine, m'avait-il expliqué, c'est la solitude dans la multitude. C'est de voir ces centaines de personnes les unes sur les autres, mais dans la solitude la plus absolue. J'aimerais monter une exposition photo sur ce thème : “Seul(s)”. Et puis, en plus des gens, il peut y avoir quelque chose de très artistique dans ces paysages de banlieue que nous traversons : un ciel sombre, un immeuble, un tag perdu au milieu de nulle part… »

Aymeric m'arrache à mes souvenirs en me tendant timidement un de ses poèmes :

« Six heures du matin, la cité dort, paisible ;
Dans les rues sans passants, pas un frémissement,
Aucune agitation, aucun rugissement,
Seul le vent pourfend l'air de sa main invisible. »

De l'« Olympia du pauvre » au « temple de la salsa »

Châtelet-les Halles, mercredi 3 mars

Pull en laine gris et béret assorti, regard bienveillant et sourire timide, Laurent me désigne le quai de la main alors qu'un train entre en gare de Châtelet-les Halles. « Voilà ma première scène, me confie-t-il d'une voix calme. Une école formidable. J'y retournerai peut-être lorsque sortira mon prochain album ! » Laurent est un des rares chanteurs à vivre de sa musique après avoir fait ses gammes dans le RER, cet « Olympia du pauvre ». Entre un voyage en Chine et un déplacement aux États-Unis, il me raconte un vrai conte de fées.

En 1990, il arrive du Bénin pour suivre des études à Paris. Il vivote grâce à un petit boulot d'agent de sécurité dans une parfumerie, qu'il perd du jour au lendemain. « Un vrai coup dur ! Je ne savais pas trop quoi faire. Un ami avocat qui cherchait un premier emploi n'arrêtait pas de me dire : "Viens, on va jouer dans le métro. Je prends la guitare et toi tu chantes." J'avais toujours aimé la musique et le chant, mais aller jouer dans le RER, c'était au-dessus de mes forces ! »

Laurent se laisse entraîner pour « faire un essai » sur la ligne 8 du métro. « Une catastrophe ! J'avais honte, je me sentais comme un clochard. C'était très difficile à vivre. J'étais mal physiquement, je transpirais ! »

Dépités, les deux compères s'affalent sur des sièges à Châtelet-les Halles, pratiquement à l'endroit même où nous discutons aujourd'hui. « Là, mon ami s'est mis à gratter sa guitare machinalement et moi à chantonner. Une dame s'est retournée et m'a dit : "Vous avez une très belle voix", en me tendant une pièce de 10 francs ! Je me suis levé et j'ai dit : "Allez, on y va !" »

Les deux musiciens décident de se produire plutôt dans le RER et de reprendre les tubes de Brel, d'Aznavour et de Bob Marley. « Le métro, c'était pas bien. Les trajets sont trop courts et les gens n'ont pas le temps d'écouter, ils montent et descendent sans cesse ! »

L'aventure s'interrompt le jour où l'ami de Laurent trouve un emploi d'avocat dans un cabinet. Après une courte hésitation, Laurent décide de continuer seul. Il organise tout son emploi du temps universitaire pour pouvoir jouer de 6 heures à 14 heures. « Je faisais la ligne B entre Bourg-la-Reine et Châtelet-les Halles, puis la A jusqu'à La Défense. J'arrivais souvent en cours avec ma guitare et mon ampli ! »

À force d'être interrompu par les contrôleurs de la RATP, le jeune homme décide de se faire accréditer pour jouer dans les couloirs des stations. « Mais personne ne s'arrêtait, explique-t-il, alors j'ai recommencé à jouer sur les quais et dans les rames. » Il élargit ensuite sa palette aux chansons africaines et à la salsa. « J'avais accroché un récipient à mon Caddie et les gens se levaient d'eux-mêmes pour donner ! Ils me connaissaient bien. Après plus de dix ans, ils venaient même exprès s'asseoir dans mon wagon. Parfois, je gagnais 1 500 francs en une matinée. Au bout d'un moment, je jouais en fonction de mes besoins. S'il me fallait un nouveau jean, je jouais plus longtemps... »

Au bout de plusieurs années, Laurent produit son propre CD de quatre titres, aidé par des voyageurs rencontrés dans le RER. Certains l'encouragent, lui prodiguent de précieux conseils, d'autres l'aident en lui prêtant du matériel. Il écoule ce premier disque à plus de 8 000 exemplaires.

« Une dame du label Night and Day m'a contacté, mais elle est très vite partie en Martinique. Puis des patrons de bar sont venus me chercher sur les quais et j'ai commencé à jouer régulièrement dans des pubs à Montmartre et à Châtelet. »

Durant ces années, Laurent croise de nombreux Béninois, qui achètent son disque. Un jour, l'un d'eux décide de le proposer à une radio locale en rentrant au pays.

« La radio a commencé à jouer mon titre de salsa, intitulé *Djalé*, puis des Béninois m'ont abordé dans le RER. J'ai fait un clip pour cette chanson et, sans le savoir, je suis devenu une star dans mon pays. Je m'en suis aperçu en 2000 en arrivant à Cotonou : des gens m'ont reconnu à l'aéroport ! »

Laurent est invité à jouer avec un artiste de renommée internationale, Koffi Olomidé, au stade de l'Amitié, devant 50 000 personnes. « Une expérience de fou ! Après, je suis retourné dans mon RER, car je voulais rester en France. Un Béninois m'a dit en m'y croisant : “Ça me fait mal de te voir ici”, et m'a proposé de faire du gardiennage. Je lui ai dit combien je gagnais et il m'a répondu en riant : “Euh, je peux chanter avec toi ?” »

Laurent sort rapidement un nouvel album, qu'il vend à plus de 10 000 exemplaires. Là encore, le « réseau RER » joue à plein. « Au départ, la FNAC ne me distribuait pas, car ils me trouvaient inclassable. Mais un jour un vendeur de la FNAC des Halles est venu me trouver sur le quai et m'a dit de passer le voir entre midi et deux : des usagers du RER lui avaient demandé mon album ! »

Entre-temps, dans les gares et les rames de RER, la répression s'est intensifiée. Laurent décide de s'arrêter le jour où on lui confisque une cinquantaine de disques. Mais la machine est lancée : un DJ commence à jouer un de ses titres en Asie. S'ensuivent des invitations dans des bars et des festivals salsa de la région, puis aux États-Unis.

Laurent prépare actuellement un nouvel album, se produit régulièrement dans des bars parisiens et se prépare à jouer au Sob's, un des temples new-yorkais de la salsa. « C'est une nouvelle vie, concède-t-il, mais je repense souvent à tous ceux qui m'ont donné quelques pièces en me croisant dans le RER. C'est là que j'ai appris à affronter le public et à devenir qui je suis. C'est sûr, j'y retournerai ! »

Un bout de chemin avec les apprentis rabbins

Brunoy, vendredi 12 mars

Gare de Lyon. Comme chaque jour, je grignote un chausson aux pommes trop clair, trop mou, dont les miettes collantes maculeront bientôt mon vieux manteau, lequel vit assez mal le rythme inhabituel que je lui impose. Une amie l'appelle « ta pelure » et ma mère « ta pouque » : ce terme de patois normand qu'elle tient de son arrière-grand-mère désigne les sacs en toile de jute utilisés pour ramasser les pommes à cidre et, par extension, tout vêtement un peu pouilleux. Tranquille, donc, dans ma pouque, j'observe les milliers d'usagers reclus dans leurs bulles qui se croisent, se dépassent, se collent, se séparent, en un étrange ballet. À quelques pas de moi, un homme à la carrure de rugbyman déguste un café noir et semble lui aussi captivé par le spectacle. J'engage la conversation. Georges, 43 ans, s'assoit à la même place tous les matins depuis dix ans. Il trouve plus gai de petit-déjeuner au cœur d'une avalanche humaine que tout seul dans sa cuisine silencieuse. « Le matin, m'explique-t-il, ce hall de gare, c'est un peu ma cuisine. J'imagine la vie des uns et des autres, j'essaie de déceler leur humeur du jour. J'observe des détails, une expression, le choix d'un vêtement, un signe d'agacement ou de satisfaction. »

Autre plaisir du matin pour Georges : échanger quelques mots avec la femme qui lui sert son café. « Trois fois par semaine, c'est la même personne. C'est un contact humain supplémentaire. Je travaille dans l'informatique et j'apprécie que nous ayons de nouveaux moyens de communiquer, mais cette relation directe est irremplaçable et commence à faire défaut dans notre société. »

Il est temps de reprendre ma route. Aujourd'hui, j'ai opté pour Melun, à plus de quarante kilomètres au sud-est de Paris. Rien à signaler à l'aller, sinon la petite gare de Cesson, avec ses murs beiges, ses volets verts et son horloge à chiffres romains, qui me donne toujours l'impression de traverser un village de province. Au retour, il est environ 11 h 30 lorsque, à la station Brunoy, le wagon est envahi par une centaine de jeunes gens en costume sombre, portant des chapeaux noirs, les joues couvertes d'une petite barbiche. À peine installés, ils se mettent à chanter à tue-tête « Joyeux anniversaire » en hébreu. Une voyageuse, éberluée, s'exclame : « On se croirait à l'école d'Harry Potter ! »

Je fais la connaissance des apprentis rabbins de la yeshiva de Brunoy. Comme la plupart d'entre eux ne parlent pas français, les présentations se font en anglais. « Tous les vendredis, m'explique un des jeunes élèves, nous partons à la rencontre de nos frères dans les rues de Paris. Moi, je vais discuter avec des commerçants de la rue des Rosiers, répondre à leurs questions sur la religion et sur la vie quotidienne. Cela nous habitue au travail que nous ferons ensuite au sein de notre communauté. »

Ils entonnent maintenant un « Happy Birthday » vibrant qui s'achève dans un tonnerre d'applaudissements. Quelques-uns entonnent un nouvel air en se lançant des bonbons, tandis que d'autres parlent de téléchargement et de nouvelles technologies. Les plus studieux prient à voix basse, imperturbables, en se balançant d'avant en arrière, un exemplaire de la Thora ouvert sur les genoux.

« Moi, raconte un jeune Américain du Connecticut, je suis issu d'une famille de rabbins. L'école de Brunoy est réputée dans le monde entier. On vient des quatre coins du monde pour y faire ses études. Vous voyez, entre nous, on se parle surtout en anglais et en hébreu. »

À ses côtés, un jeune Français qui a suivi une scolarité mi-classique mi-religieuse jusqu'à la troisième, avant de se consacrer à l'étude des textes sacrés et de l'hébreu. Il m'explique : « J'ai toujours eu envie de venir en aide à mes frères. Je vais aller passer mon diplôme de rabbin en Israël, puis je me vois bien revenir en France. »

Un garçon d'environ 14 ans, dont les joues rebondies sont recouvertes d'un léger duvet brun, me demande subitement : « Vous êtes juive ? » Un peu déçu par ma réponse négative, il me tend une friandise, l'air de dire : « Allez, ce n'est pas grave… » Un autre me montre une carte représentant Menahem Mendel Schneerson, un des leaders spirituels du judaïsme mondial. « Mettez-la dans votre portefeuille et ne la perdez pas », m'ordonne-t-il en me voyant fourrer sans égards la photo au fond de mon sac.

« Cela peut paraître impressionnant pour les gens de nous voir tous arriver, reprend le jeune Français. C'est vrai qu'on est nombreux ! Mais en même temps, heureusement ! Ainsi, nous nous sentons en sécurité dans le RER, où nous ne sommes pas toujours bien perçus. »

Nous arrivons aux Halles. Sur le quai, l'irruption de cette ribambelle de chapeaux noirs fait son petit effet. Je reste dans le train. Une femme montée en cours de route me regarde et m'interroge :

« Vous les connaissez ? »

« Tata RER » calme les embrouilles

Corbeil-Essonnes, vendredi 19 mars

Il fait presque chaud en cette fin de matinée. Le ciel est plombé par d'épais nuages gris. Rondelette dans sa robe longue, par-dessus laquelle elle porte un blouson estampillé « Médiation », une femme noire aux nattes roulées sur le bas de la nuque arrive dans les locaux de l'association Promévil, qui fournit à la SNCF des équipes de « démineurs » chargés de circuler dans certaines zones réputées « chaudes » du RER. Après avoir virevolté en serrant les mains de ses jeunes collègues, elle se présente : « Moi, c'est Suzanne, Suzie pour les intimes et Tata pour les jeunes. J'ai 58 ans. Je suis arrivée en France en 1988, du Cameroun. Je suis chef d'équipe des médiateurs. J'habite à Évry et je suis aussi maman de cinq enfants et mamie de trois petits. Cela me sert, car j'utilise mes mots de maman pour calmer les embrouilles. Cela marche mieux que la force. »

Midi : Suzanne entraîne joyeusement son équipe sur le quai de la gare pour prendre son service et monte dans une rame. Immédiatement, elle repère en fronçant les sourcils deux vélos couchés au milieu de la plateforme, en face des portes, empêchant une jeune femme de garer sa poussette. Assis à l'étage, une bière à la main, les propriétaires des vélos observent la scène sans réagir. Déterminée, Suzanne monte jusqu'à eux.

« C'est à vous, les vélos ? »

Un des garçons, l'air peu avenant sous sa casquette rouge, répond avec morgue :

« Ouais, mais on descend à la prochaine ! »

Suzanne redescend, mais ne désarme pas. Constatant que les jeunes frondeurs ne bougent pas lorsque le train s'arrête à la gare suivante, elle retourne leur demander de ranger leurs vélos. « On ne peut rien leur dire ! » soupire une voyageuse. Nous avons tous les yeux rivés sur Suzanne, craignant la réaction des garçons. Contre toute attente, l'un d'eux se lève mollement, tête baissée, et va ranger les vélos contre la porte. Suzanne le gratifie d'un sourire éclatant : « Merci, jeune homme ! » Il lui répond d'un bref signe de la main qui semble vouloir dire « de rien » ou « c'est normal ». Ces jeunes qui m'inquiétaient il y a encore quelques secondes me font maintenant l'effet de deux enfants traînant des pieds après avoir débarrassé la table contre leur gré.

Nous arrivons à Grigny-Centre. Je n'aime pas beaucoup cette gare, je la trouve sombre et lugubre. Avant de quitter la rame, Suzanne embrasse deux voisines, puis elle attrape la main d'un petit garçon qui hésite à descendre du train tandis que sa maman se débat avec sa poussette.

« Laisse mamie t'aider ! »

Le petit garçon se laisse faire, étonné mais rassuré par la présence de cette grand-mère providentielle.

« Oh ! Ça va, maman ? » s'écrie un grand costaud aux cheveux décolorés en saluant Suzanne.

Plus loin, « Tata » explique à voix basse à une femme en boubou qui passe sous un tourniquet qu'elle risque une amende. La femme la prend de haut :

« Votre ticket, c'est le prix de trois litres de lait pour mes enfants ! Vous êtes qui, pour m'envoyer acheter des tickets ?

– Je suis médiatrice. Je dis ça pour vous, madame. Bonne journée. »

Un jeune en bas de jogging fraude à son tour en sautant derrière un usager. Suzanne intervient :

« Il vaut mieux prendre un ticket. Tu veux avoir une amende ? Un jour, tu vas perdre ton pantalon en sautant ! »

Le garçon esquisse un sourire mi-amusé mi-gêné, et j'ai envie de rire moi aussi.

Un peu plus tard, nous nous retrouvons dans une rame qui, en gare de Viry-Châtillon, ne veut pas redémarrer : une femme portant un bébé sur le dos empêche la fermeture des portes en poursuivant une conversation très animée avec une amie restée sur le quai. Suzanne l'interpelle : « Eh ! La maman d'Oumou ! »

Aussitôt, la jeune femme entre dans le train, avec un sourire de petite fille prise en faute. Suzie et la jeune maman échangent un regard complice et le train repart.

« Je l'ai rencontrée ici un jour où elle pleurait beaucoup, se souvient Suzanne. Elle a 26 ans et trois enfants. Son mari veut qu'elle fasse des bébés et reste à la maison. Elle voudrait travailler ou reprendre ses études. Elle a eu son bac à Bamako. Je l'ai écoutée et lui ai conseillé d'être patiente et d'essayer de négocier avec son mari. »

Je suis Suzanne dans le train. Ses mimiques, sa voix puissante, son accent chantant et son sourire désarmant suffisent à faire plier la plupart des usagers qui enfreignent les règles. Comme ces deux jeunes filles qui dégustent des grecs-frites, les pieds tranquillement posés sur les sièges d'en face. Suzanne leur jette un regard de désapprobation, le doigt tendu vers les banquettes.

« Oh oui, pardon ! dit une des filles en retirant aussitôt ses pieds.

– Faites attention, vous pouvez avoir une amende. Allez, bon appétit, les filles ! »

Suzanne n'aura pas le même succès avec un groupe de femmes roumaines qui écoutent de la musique dans la même position. « C'est difficile de communiquer avec les Roumains, beaucoup ne parlent pas français », explique-t-elle, contrariée.

Nous descendons à la gare de Vigneux-sur-Seine. Suzie sympathise avec deux adolescentes qui chantent en se partageant un casque. Elle connaît bien la musique qui fait se dandiner les jeunes filles : « J'aime bien ça, c'est une chanson camerounaise ! C'est de la musique religieuse ! » Elle esquisse quelques pas de danse, puis tend son portable à une quinquagénaire dont le téléphone n'a plus de batterie et qui doit passer un coup de fil en urgence. Puis elle incite les filles à valider leur passe Navigo.

Nouveau saut de puce jusqu'à la station Orangis - Bois-de-l'Épine. Des jeunes encapuchonnés stagnent sans raison apparente sous une passerelle. L'un d'eux brandit même une latte et semble prêt à frapper. L'endroit est désert. Je me rapproche instinctivement de Suzanne, un peu inquiète. Celle-ci passe à côté du jeune en donnant une tape amicale sur la planche de bois :

« Qu'est-ce que tu vas faire avec ça ? C'est un coupe-coupe ? »

Le garçon se renfrogne :

« Rien du tout !

– Je sais aussi faire ma maman racaille. Je ne suis pas ta daronne, mais je suis une daronne quand même ! »

Le jeune ne lâche pas son morceau de bois, mais il semble un peu amusé. Malgré tout, Suzie n'est pas tranquille. À voix basse, elle me confie que, dans ce lieu isolé où la police et les contrôleurs passent rarement, les jeunes aiment se donner rendez-vous pour en découdre. Nous patientons quelques minutes ; les adolescents finissent par quitter la gare, visiblement à contrecœur.

Soulagée, Suzanne me raconte qu'elle connaît bien ces affrontements entre quartiers, ces jeunes qui se déchirent pour un territoire, quelques euros, une amourette ou un regard. « Une fois, à la gare d'Évry, des filles commençaient à se battre. Elles étaient très excitées et hurlaient en lingala : “Allez ! Vas-y ! Tire-lui les cheveux !” Je suis arrivée et je leur ai dit, moi aussi en lingala : “Vous n'avez pas honte de vous battre pour des garçons ? Vos parents ne sont pas venus ici pour voir leurs filles faire ça. Je ne suis pas fière de vous ! Arrêtez de nous faire honte !” Les adolescentes m'ont regardée, un peu surprises, et celles qui étaient prêtes à cogner sont rapidement remontées dans leur train. En fait, ils ont tous honte qu'une maman africaine d'Évry intervienne dans leurs histoires. Mais je dois dire que les filles deviennent pires que les garçons ! »

Il y a quelque temps, elle a repéré, parmi les jeunes qui squattaient alors tous les soirs la gare de Grigny, un garçon de 17 ans à la carrure impressionnante qui semblait être leur chef. « Il nous faisait peur. Un jour, je l'ai entendu s'adresser à un autre en lingala. J'ai joué mon va-tout. Je lui ai demandé son âge et je lui ai dit de quelle région il devait être originaire. “Comment tu le sais, Tata ?” Je lui ai répondu : “Je connais le papa !” Puis je lui ai demandé de faire partir ses copains et d'aller faire ses devoirs. On ne les a plus revus et le chef de gare, soulagé, est venu me féliciter. Certaines maisons de quartier ont fermé. Alors les jeunes s'ennuient, ils se réunissent à la gare du coin, faute de mieux, et commencent à faire des bêtises. Quand ça dégénère, nous n'avons que les mots pour éteindre le feu. »

Retour à Grigny-Centre. Épuisée, je jette un coup d'œil discret sur mon portable : il est 15 heures, et je me demande si Suzanne va nous accorder une pause-goûter. Elle, toujours alerte, fait de grands signes à une femme immobile sur le quai d'en face. Celle-ci, les yeux rivés sur les rails, perdue dans ses pensées, ne prête pas attention à ce qui l'entoure. « Elle a eu un cancer, m'explique Suzie. C'était très difficile de lui faire accepter la chimio. J'en ai parlé avec elle. Moi aussi, j'ai eu un cancer du sein. Je suis tombée malade à 49 ans. Je pensais à mes enfants, à ma fille de 13 ans, et je me disais : "S'il te plaît, mon Dieu, donne-moi juste encore dix ans." On m'a opérée. Je suis restée enfermée à la maison pendant plusieurs années, c'est aussi pour ça qu'aujourd'hui je suis tellement heureuse d'être en vie et de travailler. Étant moi-même passée par cette épreuve, j'essaie de redonner espoir aux autres. »

Elle me lâche cette confidence comme ça, Suzie, sur ce quai dégueulasse, au milieu d'une cinquantaine d'inconnus. Je reste sans voix, émue et abasourdie. Je voudrais lui dire combien j'admire son courage. Trop tard, elle m'a déjà attrapée par l'épaule pour embarquer dans une nouvelle rame.

PRINTEMPS

L'homme qui murmurait à l'oreille des RER

Paris - Survilliers-Fosses, lundi 22 mars

La gare du Nord sent l'urine ; le café noir y est toujours aussi amer et je me demande bien ce que je vais faire de ma première journée de printemps. Inspiration zéro. La politique, peut-être ? Après tout, hier, c'était jour d'élection. « Le retour de la gauche », titre *Le Parisien* après la victoire des socialistes aux régionales. Et il y a quarante-deux ans jour pour jour Daniel Cohn-Bendit créait à Nanterre le Mouvement du 22-Mars, qui deviendrait un des fers de lance des événements de Mai 68. Pourquoi ne pas demander à des voyageurs ce qu'ils en pensent ?

Alors que le RER D entre en gare, je repère ma première cible : un homme aux cheveux châtains un peu ébouriffés et au visage franchement poupin. Un vieil étudiant ? Un jeune professeur ? Avant d'aborder un inconnu, je prends souvent quelques secondes pour tenter d'imaginer quelle est sa profession ou sa situation familiale. Je me trompe souvent, mais je commence à développer un sixième sens qui me permet au moins de détecter ceux qui vont m'envoyer au diable.

Tandis que je m'approche de mon « étudiant » et entreprends de me présenter, je le vois soudain faire un pas de côté et donner une petite tape amicale sur la carcasse du train en lui disant : « Et qu'on ne vienne pas me dire que tu es vétuste, toi ! » J'ai l'impression d'entendre un cavalier encourager sa monture avant le départ d'une course hippique, ou Lucky Luke en grande conversation avec Jolly Jumper ! Oubliés, les régionales et Cohn-Bendit : je veux suivre cet homme.

Nous montons dans le train. Aussitôt que nous nous sommes assis à l'étage, mon compagnon, qui entre-temps m'a donné son prénom – Cyrille –, poursuit son étrange monologue : « Le numéro de la motrice est le 20 540 ; à partir de 1988, il y a eu 194 nouvelles rames, numérotées entre 20 501 et 20 888. » Ce génie des chiffres a un débit rapide, presque mécanique, et semble vraiment venir d'une autre galaxie. Je me retrouve noyée sous une cascade de détails techniques : « À partir de 1995, ils ont ajouté une remorque sur chaque rame. Cela manque un peu de puissance. J'ai connu ces rames quand elles étaient à quatre voitures, maintenant elles sont cinq. À quatre, c'est mieux ! 46 tonnes en moins, donc, forcément, c'est mieux ! » J'ai du mal à prendre des notes. Je bafouille : « Oui, bien sûr. C'est mieux. »

Le RER prend de la vitesse. Cyrille s'enflamme : « Le mécano [le conducteur] a deux minutes de retard. Il va falloir les rattraper. C'est tout à fait possible. Je vais vous dire s'il est bon. Attendez. En général, je sais assez rapidement si c'est un bon ou un mauvais mécano. »

Le train ralentit avant de s'immobiliser en gare de Saint-Denis. Des voyageurs s'installent autour de nous. Le signal sonore retentit. Faux départ ! Quelqu'un a retenu les portes. Trois secondes plus tard, nouveau signal, les portes se ferment enfin. Cyrille commente : « Vous voyez, 80 % des retards sont dus à des facteurs humains ! La cause première, ce sont les incivilités des usagers, pas la machine. »

Il se retourne brusquement : « Sur la gauche, c'est le technicentre transilien, où sont entreposés les matériels du RER D. Les nouvelles automotrices sont là. » Je lui demande s'il a déjà songé à devenir conducteur. « J'ai essayé il y a quelques années. Mais au concours j'ai appuyé sur un mauvais bouton et j'ai masqué la moitié des questions sur l'ordinateur ! Maintenant, c'est trop tard ; il faut avoir entre 18 et 30 ans. » Comment fait-il pour emmagasiner tant de connaissances ? « Je lis des revues spécialisées et je regarde plein de DVD. Je vais souvent faire des achats à *La Vie du rail*. Et puis mon grand-père était photographe à la SNCF. » Une histoire de famille, donc. Quelques mois plus tard, Cyrille rencontrera d'ailleurs celle qui allait devenir sa compagne lors d'une panne sur le RER D !

Un bruit inhabituel, comme une petite explosion suivie d'un souffle, retentit à présent dans la voiture. Cyrille reprend doctement ses explications techniques : « Nous venons de changer d'alimentation, le mécano a ouvert le disjoncteur. La vitesse limite est passée à 120 kilomètres-heure depuis le portique de Jonche-rolles. On vient de passer Villiers-le-Bel, il peut rouler à 140 kilomètres-heure. On va voir s'il le fait. Ils ne le font pas tous. »

Il poursuit avec une longue tirade sur l'origine des noms donnés aux différents trains – les « codes mission » en langage RATP/SNCF : FOVA, VIPE, ROVO... Si ces noms sont devenus familiers aux habitués de la ligne, peu d'entre eux sont capables de dire à quoi ils correspondent. Il faut dire que c'est un véritable casse-tête. Sur le RER D, par exemple, la première lettre indique la destination finale, la deuxième donne des informations sur les gares desservies entre Paris et Villeneuve-Saint-Georges, la troisième renseigne sur la branche parcourue, et la quatrième sur le sens de la circulation et la desserte en gare de Viry-Châtillon. Ouf ! Le tout doit former des « petits noms » sympathiques et faciles à prononcer pour les usagers. Il ne faut surtout pas se fier aux lettres de l'alphabet. Si, par chance, les trains pour Villiers-le-Bel commencent par un V (VOLA) et ceux pour Juvisy par un J (JOPA), les trains à destination de la gare du Nord ont des noms en A (AOLO), ceux pour Châtelet-les Halles un nom en M (MOPA) et ceux pour Malesherbes en B (BIPE). Lorsque je tente de reprendre le fil de ma conversation avec Cyrille, il en est là : « Donc, pour aller à Melun, c'est simple : on prend un train ZUCO. Avec un Z comme Melun ! »

Cyrille regarde maintenant sa montre d'un air satisfait : « Il est 28. C'est bon, on va être à l'heure ! C'est un bon mécano ! »

Les amants d'un jour (de grève)

Saint-Gratien, mardi 23 mars

Bonne série. Hier, j'ai donc rencontré un homme qui semblait aimer d'amour les RER, leurs moteurs, leurs transformateurs, leurs disjoncteurs – leurs entrailles, en quelque sorte. Je me suis un peu moquée de ses tirades et de ses drôles de manies, mais en fin de compte, grâce à lui, j'ai eu l'impression de pénétrer le monde inconnu de cette étonnante machinerie.

Aujourd'hui, alors que je me préparais à affronter une nouvelle journée de grève, j'ai fait la connaissance d'Anne sur le quai du RER C, à la gare de Saint-Gratien, dans le Val-d'Oise. La petite cinquantaine, cette femme gracieuse avec un air de Jane Birkin semble porter un regard amusé sur tout ce qui l'entoure. Je lui parle de la grève et, très vite, sur le ton de la confidence, elle me raconte une histoire de printemps – où « ton cœur et mon cœur sont repeints au vin blanc », comme le chantait Brel.

Tout commence il y a exactement vingt-cinq ans, en fin de journée, sur un quai de la gare de Lyon. « Un jour de grève aussi, se souvient Anne. L'atmosphère est électrique. À quelques mètres de moi, je remarque un homme très séduisant qui fait les cent pas. Par hasard, nos regards se croisent et nous échangeons un sourire. Comme un signe de connivence amusée, nous isolant de tous ces gens en train de râler. Nous parlons, vite étonnés de nous trouver sur la même longueur d'onde. Pourquoi ne pas quitter tous ces fous et aller prendre un café dans un bar ? Puis nous dînons ensemble. Et nous finissons la nuit dans mon appartement. »

Anne se passe la main dans les cheveux et poursuit, un léger sourire aux lèvres : « Ce fut une bonne soirée, un moment très agréable, hors du temps, une parenthèse heureuse. Comme si nous avions passé un accord tacite, nous ne nous sommes jamais rappelés. J'avais un mec à cette époque et lui vivait avec une femme. »

Déjà fini ? J'aurais tant aimé un « happy end » !

Tandis qu'elle me serre la main pour me dire au revoir, Anne semble se rappeler un dernier épisode : « Un jour, quelques années plus tard, je l'ai vu entrer dans l'agence de tourisme où je travaillais. Nous nous sommes regardés, un peu interloqués, et nous avons fait semblant de ne pas nous reconnaître ! »

Les cailloux blancs de Sylvie

Les Baconnets, mercredi 7 avril

J'atterris aujourd'hui à la gare des Baconnets, située sur la commune d'Antony. En novembre 2009, elle a connu un grave « accident de voyageur » : une femme s'était suicidée en se jetant sous un RER. En surfant sur Internet, j'étais tombée sur des échanges entre ceux qui pleuraient la victime et ceux qui l'accusaient, par son geste, d'avoir gâché leur journée.

« Sincères condoléances à la famille. Je n'ai pu aller à Paris à mon rendez-vous, mais, pour une fois, ce contretemps ne m'a pas mis hors de moi, il m'a fait réfléchir », écrivait un certain Jeannot.

« J'ai eu deux heures de retard et soixante-dix euros de taxi », s'énervait Ludo.

« Je suis conducteur, renchérissait un autre internaute, et ça commence à me saouler grave d'être employé dans mon boulot pour que des gens se terminent. Ça gave ! J'ai un collègue qui en est à son cinquième suicide. Alors merde, qu'ils aillent se buter ailleurs ! »

En ce frais matin d'avril, tandis que je déambule sur le quai en me remémorant ces mots durs, j'aperçois une femme élégante, vêtue d'un long manteau rouge, qui marche en s'aidant d'une canne blanche. Soudain, elle s'immobilise, comme si elle savait exactement à quel endroit s'arrêter. Je me présente. Elle me répond d'une voix très douce : « Un livre sur le RER ? Très intéressant ! »

Sylvie souffre d'une maladie évolutive qui lui fait perdre la vue. Elle s'est installée en banlieue avec sa famille il y a dix ans. La présence d'une gare de RER à proximité de son domicile était une condition *sine qua non*. « C'était vraiment indispensable pour moi et cela m'a donné la possibilité de vivre où je le souhaitais. Je voulais être tout près de la gare. Je sais qu'il faut faire face aux aléas techniques et cohabiter avec les autres, mais je ne cours pas après le temps, je suis plutôt paisible. J'ai un boulot très prenant à la préfecture. Le RER m'apporte de la liberté, un temps à moi, pendant lequel je change de peau. »

Avec un grand sourire, elle accepte de me livrer toutes ses astuces pour parvenir à destination malgré son handicap. « Commençons par les panneaux d'affichage. Aujourd'hui, je vais travailler, donc je connais mon chemin par cœur et je n'en ai pas besoin. Notez que les anciens étaient plus pratiques pour les malvoyants : ils étaient plus grands et rétroéclairés, je pouvais lire les noms des stations. Avec ces écrans-ci, ce n'est plus possible, je ne vois plus rien. »

La gare des Baconnets est le point de départ de son trajet quotidien. Sylvie se positionne toujours au même endroit, en face de l'escalier. « Je me mets là chaque matin. Je sais exactement où je vais me trouver tout au long de mon parcours. Vous verrez, tout est balisé au mètre près ! »

Le quai est à présent bondé. Nous entrons dans la rame. Impossible de trouver une place assise. Debout près de la porte, nous poursuivons notre conversation. Je sens bien que des dizaines d'oreilles nous écoutent.

Sylvie m'explique que, tout au long de la ligne, elle perçoit quelque chose de différent en fonction des gares : « Il y a une question de luminosité, de largeur de quai, d'affluence, de bruit ou encore d'odeur. Ce sont des perceptions très difficiles à définir. Au fond, c'est une question d'habitude. Par exemple, Denfert-Rochereau est facilement identifiable. Je sais que je vais être à la limite entre l'extérieur et l'intérieur, car cette gare a la particularité de comporter une partie abritée et une autre découverte. »

Encore plus surprenant : Sylvie ressent des sensations différentes selon les lignes qu'elle emprunte. Elle trouve par exemple le RER A « très bruyant » comparé au RER B sud. Elle note aussi que ce même RER A bringuebale « de manière effrayante » à l'approche de la gare de Vincennes. Je lui demande comment elle perçoit ses covoyageurs. Elle me répond en baissant la voix : « Comme je ne vois presque plus, je fais davantage attention aux bruits et aux odeurs. Le matin, c'est parfois très gênant. Je me dis souvent que les gens exagèrent et qu'ils ne se lavent pas ! Il y a aussi ceux qui abusent de parfums écœurants, ceux qui fument dès le matin ou mâchent du chewing-gum. »

À Châtelet-les Halles – la « fourmilière », comme elle l'a surnommée, puisque chaque jour 750 000 voyageurs y passent –, Sylvie parvient à trouver sa correspondance pour la gare de Lyon en s'appuyant sur un ensemble de repères. Faisant claquer sa canne devant elle, elle se dirige d'abord vers l'escalator, juste en face. « Voilà ! Je sais qu'en me positionnant devant l'escalier aux Baconnets, j'arrive devant cet escalator. Tout est calculé, mais il suffit d'un accroc – par exemple, que cet escalator soit en panne – pour que je me retrouve perdue. Dans ce cas-là, je fais appel aux autres voyageurs. »

Sylvie trace son chemin avec vivacité, tandis que des usagers inattentifs enjambent *in extremis* sa canne blanche. Sur le quai du RER A, elle repère sa place habituelle grâce à la luminosité d'un panneau jaune et au tic-tac d'une horloge. Ce soir, sur le chemin du retour, elle disposera d'autres balises : gare de Lyon, il y aura par exemple le gros signal d'alarme rouge.

Sylvie me quitte en me souhaitant bonne chance pour mon livre. Depuis que je l'ai rencontrée, je ne regarde plus le « paysage » du RER de la même manière. Je prête davantage d'attention aux petits indices dont elle se sert comme les cailloux blancs du Petit Poucet. Encore aujourd'hui, il m'arrive de fermer les yeux pour mieux « sentir » le RER.

« Ma fille, si tu rencontres un journaliste, vide ton estomac ! »

Villeneuve-le-Roi, vendredi 16 avril

Demain, les vacances de Pâques des Parisiens vont commencer dans une atmosphère apocalyptique. Nous sommes au dixième jour d'une grève des transports, la troisième depuis le début de l'année. Et il faut, en plus, compter avec un invité-surprise : le nuage de cendres d'un volcan islandais. Les usagers sont à bout. Certains craquent physiquement. Gare de Lyon, j'ai vu une femme s'écrouler au pied d'un mur après avoir suffoqué pendant une bonne demi-heure dans un train Cocotte-Minute. À quelques mètres d'elle, une autre, enceinte, était évacuée par les pompiers.

Chez d'autres, c'est la « tête » qui pose problème. À Juvisy, une femme enragée m'a traitée de psychopathe. Sur le quai de la gare de Villeneuve-le-Roi, j'assiste en direct au « pétage de plombs » d'une sexagénaire noire au visage figé dans une expression de colère intense. Un doigt pointé vers le ciel, elle tonne : « C'est la merde ! J'en vois aucun venir ! Chaque fois, je prends ma Carte orange à 91 euros ! Le mois prochain, je ne la prends pas. Ils boivent leur café et suppriment les trains ! »

Son amie, une femme du même âge, éclate de rire : « Allons, tu vas voir : le mois prochain, pas un euro pour leur Carte orange ! »

Je les interromps. La plus en colère des deux s'appelle Bernadette et me fait signe de patienter. Elle dégaine son portable et compose rageusement un numéro de téléphone : « Ma fille, si tu rencontres un journaliste, vide ton estomac ! Moi, je déballe tout. On ne va quand même pas se faire des ulcères à cause d'eux ! » Elle raccroche et m'explique que sa fille est déjà certaine de rater ses cours de français et d'histoire. « Je nettoie la crasse chez les gens, poursuit-elle. J'ai leurs clefs dans mon sac. Ils comptent sur moi. Je suis payée pour mes heures. Si je ne veux pas perdre d'argent, je vais devoir travailler jusqu'à 8 heures ce soir ! À cause de ces chiens ! »

Elle s'apaise un peu en voyant venir un train. Il est bondé. Nous montons, mais restons debout dans l'entrée. La journée ne fait que commencer et déjà une odeur de transpiration nous agresse. Les voyageurs ont l'air affaiblis. À quelques pas de nous, une jeune femme brune, manteau rouge écarlate, me raconte qu'elle déménage à Tours pour ne plus subir les « conséquences désastreuses » des transports en commun : l'inconfort, l'agressivité, les retards, les reproches de son employeur… Plus loin, un homme d'une quarantaine d'années porte dans ses bras une petite fille d'à peine 3 ans. Lui aussi envisage de quitter l'Île-de-France avec sa famille. Une bonne partie des voyageurs descendent à bibliothèque François-Mitterrand.

Un peu plus tard, je croque une pomme à la station Javel, une petite gare que j'adore. Elle a des airs de pagode et, depuis le quai, on a une vue imprenable sur la tour Eiffel. Lorsque les RER prennent de la vitesse et filent dans sa direction, j'ai toujours l'impression qu'ils vont passer entre ses jambes.

Sur le quai à côté de moi, une jeune femme brune en imperméable blanc triture son iPhone. Nous faisons connaissance. Elle se prénomme Roxanne, habite Clichy-sous-Bois et vient tous les jours à Paris pour une préparation au concours des instituts d'études politiques. « C'est difficile ! me dit-elle. Le fait d'habiter loin de la prépa est déjà un handicap, mais avec toutes ces galères je suis franchement pénalisée ! Hier, je suis restée bloquée plus d'une heure à Saint-Lazare. En tout cas, j'ai moins de chances de réussir que ceux qui habitent à deux pas. Eux, ils peuvent bosser et dormir plus longtemps ! »

Le RER entre en gare. Nous embarquons et nous installons au premier étage, l'une en face de l'autre. Roxanne me confie qu'elle rêve d'une carrière politique : « Un jour, je passerai le concours de l'ENA. Encore faut-il que je réussisse Sciences Po et que ce RER pourri ne me joue pas trop de sales tours. Parfois, cela ne tient à rien, la vie ! »

« Pickpocket sur la B ! Exhibitionniste sur la 8 ! »

Gare de Lyon, jeudi 22 avril

Qui n'a jamais eu envie de tirer la langue en passant devant une caméra de surveillance pour savoir si quelqu'un, quelque part, était en train de le regarder sur un écran ? Je vais peut-être enfin connaître la réponse. Ce matin, à la station Gare-de-Lyon, je rencontre Bertrand, un homme d'une quarantaine d'années, souriant et sympathique, lieutenant de la brigade des transports en charge du système de vidéosurveillance. « Vidéoprotection », me corrige-t-il d'emblée.

Il m'entraîne dans une salle sans fenêtre qu'on appelle « TN-Réseaux ». Sur le mur du fond, un gigantesque plan du réseau, et partout des écrans de contrôle. Certains agents sont au téléphone, d'autres ont les yeux rivés sur les images retransmises par les près de 14 000 caméras du réseau. Lorsque les patrouilles contrôlent des « individus », c'est ici qu'elles téléphonent pour vérifier les identités. « En entrant un nom dans le fichier des personnes recherchées, précise Bertrand, nous allons être en mesure de dire si la personne est recherchée par une vieille tante en Bretagne, pour purger une peine de dix ans de prison ou pour payer une amende. »

Cinquante personnes se relaient, vingt-quatre heures sur vingt-quatre, dans cette tour de contrôle pour rester en contact avec les hommes en mission. Leur rôle est également de participer à la gestion du déploiement des forces sur les lignes de la région. Explication du lieutenant : « Si on nous signale une rixe à Barbès, grâce à la vidéoprotection nous sommes en mesure de dire si ce sont cinquante personnes qui se tapent dessus ou deux clochards qui se disputent un duvet. En fonction de ce que l'on voit à l'écran, on peut réguler, envoyer une ou plusieurs équipes sur les lieux. » Les communications sont parfois interrompues par les messages de l'état-major de la préfecture de Paris, prioritaire lorsqu'il se produit un événement.

Dans un coin de la salle, je fais connaissance avec deux fonctionnaires. Ils se connectent en direct sur les images des caméras en espérant surprendre un flagrant délit. Aujourd'hui, deux jeunes policiers, Magali et Idrissa, ont été détachés pour cette mission. Soudain, Idrissa pousse un cri d'agacement : « Oh non, c'est pas vrai ! La caméra a lâché ! » Il vient de perdre la trace d'un pickpocket sur la ligne B, à la station Port-Royal.

En fait, il faudrait des centaines de fonctionnaires pour que ce système permette d'intervenir en direct et d'empêcher les vols et les agressions. J'ai donc ma réponse : je peux faire autant de grimaces que je veux devant les caméras ! Les agents sont maintenant sur d'autres affaires : un exhibitionniste se balade sur la ligne 8 du métro et une rixe a éclaté à Château-d'Eau.

Le lieutenant ajoute que les enregistrements vidéo, conservés pendant soixante-douze heures, sont souvent déterminants dans l'évolution des enquêtes. Dans certains cas, ils permettent par exemple d'isoler l'image de l'agresseur à la suite d'une plainte de victime. En cas de voyageurs tombés sur les voies, les images aident aussi à déterminer s'il s'agit d'un suicide, d'un accident ou de l'œuvre d'un « pousseur ».

Depuis le début de l'année, deux personnes ont été projetées sur les voies par des déséquilibrés. Une étude menée par des psychiatres à partir de huit cas de « pousseurs du métro » hospitalisés dans une unité pour patients difficiles en région parisienne a révélé que beaucoup étaient schizophrènes, en rupture de traitement et dans une situation précaire, voire sans abri. Tous avaient agi dans un contexte hallucinatoire. L'étude citait quelques-unes des explications données par les « pousseurs » pour justifier leur geste *a posteriori*. L'un disait « subir un vaste complot ». Un autre avouait être passé à l'acte « pour défendre la sûreté de l'État français, mise en péril par la victime qui, de plus, voulait entrer en lui et le tuer ». Un autre encore déclarait avoir poussé une inconnue qui l'avait « menacé d'un sourire »...

Conclusion du lieutenant : « En gros, si vous vous faites agresser sur le réseau et que vous portez plainte rapidement, vous avez plus de chances que l'on retrouve votre agresseur que si on vous avait agressé dans la rue. »

« Lilas », 12 ans, quatre enfants

Le Bourget, mercredi 28 avril

Ce matin, je suis venue boire mon café avec Kaliu. Ces rendez-vous avec les musiciens roumains de la gare du Nord sont devenus, au fil des mois, des points fixes dans mes errances quotidiennes. Comme une petite famille. Nous fumons des cigarettes, assis à l'étage des trains de banlieue, sur un bout de quai découvert. En fait, c'est un peu le coin fumeurs pour ceux qui passent leur journée dans la gare. Même pour les policiers.

La journée s'annonce chaude et ensoleillée. Pourtant, Kaliu est de très mauvaise humeur. Il me raconte qu'il s'est battu avec un autre Roumain qui les avait insultés, lui et sa mère. « Chez nous, les Gitans, c'est très grave, tu comprends ? Tu sais que je ne suis pas comme ça. Je ne suis pas le genre de mec qui se bat pour rien. C'est lui qui a commencé ! »

Lorsque nous redescendons sur le quai du RER B, j'aperçois une fillette portant un voile noir, entourée de deux femmes également voilées. J'ai déjà croisé cette frimousse il y a plusieurs semaines. C'était un matin d'hiver, il était encore tôt et je somnolais sur une banquette dans une rame du B en direction de Mitry-Claye. En ouvrant les yeux, j'avais découvert devant moi ce visage enfantin, pâle et joufflu. La tête de la petite fille était couverte d'un voile couleur lilas. Elle s'était approchée et avait déposé sur le siège en face de moi un morceau de papier : « J'ai quatre enfants, aidez-moi à nourrir ma famille. Que Dieu vous bénisse. » Quatre enfants ! Elle y va un peu fort : on voit bien qu'elle n'a qu'une douzaine d'années.

Une fois sa distribution terminée, elle avait retraversé la voiture de bout en bout, tendant la main, la paume levée vers le ciel. J'avais essayé d'engager la conversation avec elle. Elle comprenait vaguement le français, et nous nous aidions aussi de gestes et de quelques rudiments d'espagnol. Elle avait réussi à me dire avec les doigts qu'elle était en France depuis deux ans et qu'elle avait bien 12 ans. J'avais aussi compris qu'on la déposait, aux aurores, à la gare de La Courneuve et qu'on l'y récupérait vers 15 heures. Parfois, sa petite sœur de 8 ans assurait alors la relève. Plus tard, en apercevant deux femmes voilées qui patientaient sur le quai de la gare du Bourget, l'enfant avait bondi hors du train. Je ne connaissais même pas son prénom. Je l'avais alors baptisée « Lilas » en référence à la couleur de son voile. J'espérais la recroiser un jour.

Je montre à Kaliu la petite fille et les deux femmes qui l'accompagnent :

« Tu les as déjà vues ?

– Oui. Elles sont roumaines, je les ai déjà aperçues dans mon village. Et elles traînent beaucoup dans les parages. La petite fille s'appelle Keija. Tu veux leur parler pour ton livre ? »

Aujourd'hui, Keija ne fait pas d'allers-retours dans le RER B. Elle vient s'installer sur le quai, à deux pas de la boulangerie, un gobelet à la main, pendant que les deux femmes s'apprêtent à s'engouffrer dans un train.

Kaliu les interpelle et se propose d'assurer la traduction de notre conversation.

Il s'agit de la mère et de la tante de Keija. La maman, Margarita, est rondelette sous son voile noir. Elle a la peau très blanche, piquée de petits trous, et un sourire incrusté de plusieurs dents en or. Elle explique d'abord qu'elle emmène presque toujours Keija dans le RER parce que c'est la plus débrouillarde de ses quatre enfants. « Elle est maligne et elle sait se défendre bien mieux que les autres. Il a suffi de lui montrer une fois et elle a tout compris. Maintenant, je ne m'inquiète pas, je la laisse faire seule. »

Le programme de la journée est simple : quand elles auront récolté assez d'argent pour faire les courses pour toute la famille, elles rentreront dans la caravane qu'elles occupent à La Courneuve. « Ce sont les hommes qui gardent les autres enfants, poursuit Margarita. Eux, ils ne peuvent pas faire la manche, on les prend toujours pour des voleurs ! » Les deux femmes affirment gagner chacune au plus 15 à 20 euros par jour. Parfois, la bouille de la jolie Keija permet de récolter quelques euros de plus. « Les enfants peuvent gagner beaucoup, avoue Margarita, mais c'est fatigant pour eux et pour nous, surtout si on emmène des petits : il faut les porter dans nos bras. Les journées sont vite épuisantes, du coup on travaille moins longtemps. »

Lorsque je demande à Kaliu de les interroger sur le port du voile islamique, il m'explique, en français et à voix basse, que c'est une stratégie pour obtenir l'aumône des musulmans. J'insiste pour qu'il leur pose tout de même la question. Elles réagissent aussitôt : « Nous, musulmanes ! Nous, pas de porc ! » D'après leur version, les deux femmes sont originaires de Roumanie et ont épousé des Bosniaques. « C'est faux, coupe

Kaliu, agacé. Je les connais depuis toujours. Je suis sûr qu'elles font ça pour gagner plus ! »

La mère et la tante reprennent : « Nous avons fui la guerre en Bosnie avec nos maris. Nous sommes d'abord allés en Argentine en tant que réfugiés, puis en France. Ici, c'est mieux, il y a des hôtels, des foyers, la vie est moins difficile qu'à Buenos Aires. Vous connaissez l'Argentine ? »

Keija, qui nous avait rejoints, s'est de nouveau éclipsée pour reprendre son poste de travail. L'air sérieux et impassible à côté des pains au chocolat et des croissants, elle a commencé sa longue journée d'attente.

Avant de partir, je lui demande si elle aimerait aller à l'école. Elle hoche la tête et me répond timidement en français : « Oui. J'aimerais bien. »

Je monte dans le RER qui vient d'entrer en gare. Je dis au revoir à Keija d'un geste de la main. Elle cesse de mordiller la manche de son pull-over et, pour la première fois, me sourit franchement.

Les escapades parisiennes de Nolwenn et Marine

Survilliers-Fosses, samedi 1er mai

La gare de Survilliers-Fosses est baignée d'une chaude lumière. Près de moi, deux adolescentes, une blonde et une brune, en jeans et ballerines, attendent le RER. J'en entends une demander à l'autre : « Il y a vraiment tout le monde au programme ? Même Proust ? Marcel… c'est bien comme ça qu'il s'appelle ? »

Elle n'aura pas de réponse. Le RER arrive. Elles acceptent que je les accompagne. Il est 11 h 15 et nous sommes assises dans une voiture quasiment déserte. Je leur demande si elles apprécient ces escapades parisiennes en RER. Nolwenn, la blonde, soudain sérieuse, me raconte : « Ça fait du bien de bouger un peu ! Nous venons de Saint-Witz, c'est tout petit et c'est un peu étouffant. »

Se tournant vers Marine, une brune filiforme aux yeux en amande, elle lui demande en riant :

« Tu te souviens quand on a commencé à fumer ?

– C'était horrible, se remémore celle-ci. On avait sans arrêt peur de croiser quelqu'un qui le répète à nos familles. On allait se cacher aux étangs, c'était pesant !

– C'est toujours pareil chez nous, déplore Nolwenn. On se donne rendez-vous sous un saule pleureur ! Il n'y a pas grand-chose, mis à part quelques commerces et un bar avec ses habitués.

– Et quand il fait trop froid, ajoute Marine, on se retrouve chez l'un de nous ou encore sur un banc du gymnase. Le RER nous sort un peu de cette routine !

– En plus, c'est important aussi pour faire de nouvelles rencontres, reprend Nolwenn. On se connaît tous à Saint-Witz. Il n'y a qu'un seul lycée. Les gens se côtoient depuis l'école primaire. S'il y avait un nouveau à Saint-Witz, on se jetterait toutes dessus ! »

Pendant qu'elles me racontent leurs premières promenades au Champ-de-Mars et leurs premiers déjeuners sans leurs parents aux terrasses des cafés parisiens, défilent des gares aux noms inquiétants : Villiers-le-Bel, Garges Sarcelles, Saint-Denis... Elles reconnaissent que, les premières fois, elles ont eu « un peu peur » et ressenti « un mélange de curiosité et d'inquiétude » en traversant ces stations. « Nos parents, précise Marine, ont quand même posé un certain nombre de conditions : ne pas prendre le RER seule et ne pas rentrer après les heures de pointe. Nous n'avons jamais eu de problème. Sauf un soir, en rentrant d'EuroDisney : il y avait des mecs bizarres qui fumaient des joints. On a eu peur, mais il ne s'est rien passé, ça nous a fait des aventures ! »

Nolwenn avoue enfin que sa toute première escapade consistait, comme pour beaucoup d'adolescents, à aller faire du shopping aux Halles en cachette de ses parents. « C'était étrange, se souvient-elle : d'un côté je me sentais grande et libre, et de l'autre j'avais très peur de me faire prendre par ma mère ! J'ai vraiment eu envie d'avoir son autorisation. »

Nous arrivons à Paris. Les filles se dépêchent de descendre. Leur temps est compté : vers 17 heures, leurs parents attendront leur coup de fil pour aller les chercher à la gare. Si elles sont en retard, je sais sans avoir à le leur demander qu'elles ont une excuse toute prête : « Encore une panne de RER. » Exactement ce que je disais à mes parents !

Dans la peau d'un contrôleur

Gare de Lyon - Corbeil-Essonnes, mardi 4 mai

J'attends depuis plusieurs semaines l'autorisation de passer une journée avec les contrôleurs. Aujourd'hui, c'est le jour J. J'ai rendez-vous devant une pharmacie de la gare de Lyon. Bronzé par ses récentes vacances, les cheveux argentés, Thierry, un cadre de la SNCF en charge du management des agents de contrôle, m'entraîne dans leurs locaux.

Les équipes de la ligne D du RER sont en train d'ajuster leur tenue – gris et mauve, très « tendance » – et se regroupent pour le départ. Affichées sur le mur aux côtés de diverses annonces, je remarque quelques lignes en hommage à l'un des leurs, récemment agressé. En tout, ils sont près de 200 à travailler sur cette ligne, dont le règlement, particulièrement strict, stipule que les agents doivent être quatre au minimum par groupe pour pouvoir contrôler les titres de transport.

Une fois l'équipe au complet, nous embarquons dans une rame en direction de Corbeil-Essonnes. Immédiatement, je ressens le mépris des usagers qui nous tendent leur carte de transport en soupirant, sans un regard. Premier contrevenant : un jeune Malien, né en 1978, dont le stylo hésite longuement avant de remplir chaque case de la fiche de renseignements. En sueur, il balbutie qu'il descend à Grigny-Centre. « De toute façon, constate un agent, on ne peut pas faire de vérifications sur le quai de cette station si la police n'est pas arrivée. Dans certaines gares, comme celle-ci, nous ne sommes pas en sécurité avec nos uniformes. »

Un peu plus loin, une jeune fille vide méticuleusement un grand cabas à la recherche de son passe Navigo. « Je l'ai oublié ! » finit-elle par admettre en soupirant. Zhor, la seule femme de l'équipe, n'est pas dupe : « Souvent, ils nous disent qu'ils l'ont perdu ou qu'ils viennent de se le faire voler. Ce sont des excuses qui reviennent en permanence ! C'est peut-être vrai parfois, mais je pense que la plupart du temps c'est simplement plus facile à dire que : "Je n'ai pas pris de titre de transport." » Deux étudiants chinois qui transportent des lapins dans une cage et n'ont pas de billet finissent par régler leur amende en liquide.

« En 2008, on avait établi un profil type du fraudeur, mais il n'est déjà plus valable, raconte Thierry. J'ai l'impression qu'il y a de plus en plus de fraudes. Tout le monde s'y met, du branleur au cadre sup'. » Selon lui, de nombreux usagers font maintenant le « pari de la fraude » : « Quand on arrive, ils sortent leur chéquier sans faire d'histoire. Parfois, le chèque est même déjà rempli avec le montant exact ! » Plus loin, Zhor tente de faire entendre raison à un homme qui veut régler son amende en tickets-restaurant…

Nous arrivons à la station Le Bras-de-Fer - Évry-Génopôle. Drôle de nom ! Le réseau regorge de ces appellations alambiquées. Coluche aurait pu raconter : « C'est l'histoire d'un mec de La Norville - Saint-Germain-lès-Arpajon qui rencontre une fille de Franconville - Le

Plessis-Bouchard. Ils se donnent rendez-vous à Breuillet - Bruyères-le-Châtel… »

Au Bras-de-Fer, un groupe de jeunes renonce à monter en nous voyant. Ils se moquent de nous. Je suis un peu mal à l'aise, avec mon carnet de notes au milieu des contrôleurs, qui, contrairement aux policiers, n'ont aucun moyen de se défendre en cas d'agression.

Arrivée à Corbeil-Essonnes, l'équipe a distribué une quinzaine d'amendes. Thierry me raconte que, si l'usager règle son indemnité forfaitaire sur-le-champ, le contrôleur empoche 10 % de la somme. En revanche, s'il doit dresser un procès-verbal, il ne touchera qu'une somme comprise entre 80 et 90 centimes d'euro. Nous poursuivons les allées et venues jusqu'à 17 heures, heure à laquelle nous avons rendez-vous à Lieusaint-Moissy pour une grande opération de contrôle. Plusieurs équipes convergent vers cette gare et attendent l'arrivée de la police pour commencer. Une demi-heure plus tard, les forces de l'ordre et la surveillance générale (SUGE) de la SNCF sont là et donnent leur feu vert. Une vingtaine de contrôleurs, postés sur la passerelle de la gare, examinent les titres des passagers, sous la protection des hommes en bleu.

Une jeune fille portant de longues tresses est la première à faire les frais de ce contrôle inopiné. « Elle est vraiment de mauvaise foi ! Elle m'a présenté un ticket de métro, puis une carte périmée », s'agace un contrôleur. Le ton monte et il fait signe aux policiers, qui prennent le relais.

« Elle nous donne des faux noms, elle n'est pas coopérative.

– Très bien ! On va l'emmener réfléchir quatre heures au commissariat ! »

La jeune fille, mineure, sans pièce d'identité, attend désormais, fermement encadrée, d'être emmenée au poste de police. Tous les autres usagers passent en observant la scène. Les uns marmonnent : « Ils n'ont rien d'autre à foutre ! » Les autres se contentent de soupirer en signe de désapprobation. Un voyageur se fait, en vain, l'avocat de l'adolescente. « Vous pensez vraiment que ça vaut le coup d'en faire autant pour un ticket ? Je vous le donne, moi, le ticket, s'il n'y a que ça pour vous faire plaisir ! »

Thierry m'explique que, pour s'assurer du bon déroulement de ces opérations, ses supérieurs envoient parfois, sans en avertir personne, des « clients-mystère », un peu comme ces guides qui dépêchent des « espions » pour tester les hôtels et les bonnes tables. La « chasse à la taupe » est ouverte. Alors que je parie sur une quinquagénaire brune, chemisier beige et sac en cuir rouge à la main, Thierry s'agite de l'autre côté : « C'est elle ! » murmure-t-il en me montrant une femme en leggings léopard, très maquillée, une choucroute blonde sur la tête, qui avance à pas lents vers les contrôleurs. Alors là, je n'y crois pas une seconde ! Beaucoup trop excentrique ! Mais Thierry, l'œil expert, n'en démord pas : « C'est certain, c'est elle ! » Il la salue, elle demande quelques informations et passe le contrôle, sourire aux lèvres. Thierry souffle, sûr d'avoir démasqué la moucharde. Moi je n'en mettrais pas ma main au feu.

À peine quelques secondes plus tard, un garçon d'une vingtaine d'années, un sac de sport à l'épaule et une casquette Prada sur la tête, s'écrie : « Je ne fais rien du tout, je vais au sport ! » Les policiers lui ordonnent de rester immobile contre une vitre.

« Dépêchez-vous ! crie-t-il.

– Il va falloir se détendre ou venir au poste avec nous, monsieur. »

Fouillé, le jeune homme perd patience : « Putain, mais vous avez vraiment rien à faire ! Je suis tranquille, je vais faire du sport ! » Lui aussi semble bien parti pour aller passer quelques heures au commissariat.

Moins d'une heure après le début des opérations et une trentaine de contrôles, les policiers sont appelés ailleurs. Comme il serait imprudent pour les contrôleurs de poursuivre seuls le « bouclage » de la gare, Thierry m'annonce : « On va aller faire un peu d'accueil, maintenant, saluer les gens, les renseigner… »

Nous reprenons bientôt notre route vers Paris. De nouveau, nous déambulons dans les trains en réclamant les titres de transport. Là, une jeune femme nous supplie de passer l'éponge ; ailleurs, une autre sort ses papiers d'identité avec un rictus arrogant. Je commence à avoir mal aux jambes à force d'arpenter les voitures qui tanguent. « Nous avons régulièrement des problèmes de dos ou de sciatique à force de piétiner dans les trains », confirme Thierry.

Sans compter qu'ils sont aussi quotidiennement confrontés à des situations difficiles. Zhor me raconte que certains contrôleurs sont plus sensibles aux chômeurs, d'autres aux SDF, d'autres encore aux familles en difficulté. Bruno, qui a travaillé vingt ans en banlieue, trouve que la situation s'aggrave d'année en année : « C'est déjà un peu plus violent qu'auparavant, plus impressionnant aussi. Les gens sont également plus pauvres. On voit des personnes qui n'ont rien, ils ne vont pas aller prendre un ticket. C'est difficile de leur demander des sous. Il y a aussi plus d'agacement et de nervosité. Même les cols blancs sont parfois en grosse difficulté et peuvent être particulièrement agressifs. »

Thierry, lui, raconte qu'il a déjà été victime de violences : « Je me suis fait frapper à la jambe, j'ai déjà été insulté et menacé. Il y en a un qui m'a dit : "T'es qu'un gros con ! Tu pues de la gueule !" J'ai porté plainte plusieurs fois.

– Moi, je ne perds pas de vue mon objectif, témoigne Brahim : faire mon boulot, mais rester en vie ! Je ne suis pas Che Guevara !

– On voit quand même des choses amusantes, ajoute Thierry, on pourrait en faire un bêtisier ! »

Et de décrire le « chasseur de vipères » qui emmenait ses serpents au labo ou encore les « bitomanes » qui se masturbaient près des urinoirs d'une grande gare parisienne…

« Il y a autre chose qui compte beaucoup, conclut Thierry, c'est qu'on s'entend bien entre nous. Nous sommes solidaires et réussissons à avoir de bons moments. Heureusement, parce que sinon ce serait vraiment difficile. Nous sommes en première ligne sur le terrain et les gens n'ont pas toujours une opinion favorable de notre métier ou de la SNCF en général. »

À la cellule anti-tags : « Stale, c'est pas mon blase »

Gare du Nord, lundi 10 mai

Des bombes de peinture alignées sur les étagères, des photos de tunnels et de tagueurs insolents placardées sur les murs, des cagoules suspendues aux cloisons : je ne suis pas dans la chambre d'un tagueur, mais dans la pièce principale de la cellule anti-tags de la gare du Nord, que je m'étais promis de venir visiter. Quatre policiers sont affectés à cette cellule, qui a notamment pour mission de mettre un nom et un visage sur les signatures qui jalonnent les voies ferrées.

Ce matin, les policiers de la brigade anti-tags ont convoqué celui qu'ils pensent être « Stale », un nom qui les obsède depuis plusieurs mois. Et pour cause : il s'étale partout, tagué sur les murs à la bombe noire ou jaune, incrusté en profondeur, au cutter ou à la fraise, sur les vitres des trains. J'ai souvent vu cette signature en allant à Roissy et je suis curieuse de découvrir son auteur. Après une enquête minutieuse, les policiers sont presque certains de l'avoir identifié. Il se prénommerait Idriss[1] et

1. Le prénom a été modifié.

serait responsable, selon la SNCF, de plus de 46 000 euros de dégradations.

L'heure de la convocation approche et les enquêteurs doutent de voir venir leur suspect. Plus tôt dans la matinée, son père a téléphoné. C'est Manu, un trentenaire qui a toute l'apparence du « flic cool », avec son jean et son sweat bleu clair, qui lui a répondu. « Le papa était très angoissé, il en aurait pleuré. Il a l'air tellement dépassé par les événements. Il n'est pas sûr que son fils se pointera à 11 heures. Il ne l'a pas vu depuis hier et n'a aucun moyen de le joindre. » Sur un coin de son bureau, Manu a posé un énorme dossier estampillé « Stale » où s'entassent des dizaines de plaintes de la SNCF et autant de photographies et de preuves à conviction. « Il ne viendra plus, lâche soudain Alexandre, le chef de la cellule. On va aller le chercher demain matin chez lui ! » Ses collègues ont l'air un peu déçus et agacés à la perspective de devoir se lever aux aurores.

Une vingtaine de minutes plus tard, un policier pousse la porte du bureau : « Il y a un jeune à l'accueil. Il dit qu'il a rendez-vous ici, mais il n'a pas de pièce d'identité sur lui. » Manu bondit de sa chaise en s'exclamant : « Fais-le venir ! »

Un adolescent de grande taille, peau mate, treillis militaire et veste en cuir, se tient debout dans l'embrasure de la porte. Il a les yeux injectés de sang et deux énormes cocards violets. Il jette un œil à la ronde, ébahi, comme moi, par la décoration des bureaux. « C'est un temple, ici ! murmure-t-il, le nez en l'air.

– Oui, nous sommes un peu la mémoire du graffiti, répond Alexandre d'un ton qu'il veut ferme et paternel. Je t'informe de ton placement en garde à vue. Tu vas aller voir un médecin pour tes yeux. Il te fera peut-être passer des radios. »

Manu veut en savoir plus :

« Qu'est-ce qui s'est passé ? Tu t'es battu ?

– Je suis tombé sur des gars d'un autre quartier, ils étaient nombreux, lui répond l'adolescent avec désinvolture.

– Tu veux un avocat ? reprend Alexandre.

– Non, pas besoin ! »

Un policier entre pour emmener Idriss à la fouille.

« Tu as des choses métalliques sur toi ? Couteaux ou trucs comme ça ? Pas de lames de rasoir planquées dans l'anus ? Et ne rigole pas : il y en a qui sont prêts à tout pour aller à l'hôpital !

– Ils ont la foi ! »

Manu fait entrer Idriss dans une pièce minuscule dont la surface est entièrement occupée par deux bureaux. Il enclenche une caméra et commence l'interrogatoire. Je suis assise juste derrière l'adolescent, qui ne semble pas disposé à collaborer.

« Tu es prêt à t'expliquer ? Il faut bien y passer. Même les graffeurs de la vieille garde y passent. Tu graffes depuis combien de temps ?

– Ça fait un an, mais c'est fini maintenant.

– Arrête ! J'ai des graffitis de toi datant de 2008 !

– Mets deux ans sur ton papier, alors !

– Est-ce que tu appartiens à un crew, à un « groupe » ? Sur Internet, tu es déclaré comme RN3 ?

– Non, je n'appartiens à aucun crew. Je ne suis pas des RN3.

– C'est bizarre, le graffeur "Stale" appartient au RN3. Tu n'es pas le graffeur "Stale" ?

– Je ne suis pas "Stale" ! Je n'ai pas de nom fixe, je fais quelques personnages. »

L'enquêteur ouvre le dossier, en extirpe une première photo sur laquelle on distingue le jeune graffeur présumé.

« Tiens, on a découvert des photos sur Internet. Partout c'est écrit RN3 Clan. On te voit poser devant “Stale”.

– Je ne pose pas devant “Stale”. Je pose devant le kebab où je mange tous les jours ! »

Puis le policier étale devant lui quelques photos de RER tagués. Le jeune homme continue de nier en bloc. À chaque preuve avancée par le policier, il répond que c'est une erreur ou qu'il n'y est pour rien. Manu lui montre une vidéo le mettant en scène et répétant : RN3 ! RN3 !

« C'est le nom de la route qui passe près de chez moi ! » assure le jeune homme.

Manu ferme le dossier, un peu abattu. Idriss finit par s'endormir dans sa cellule de garde à vue. L'affaire est confiée au parquet.

« Bobigny est peu enclin à déférer les graffeurs mineurs et à coller des dettes de 46 000 euros sur le dos de leurs parents », confie un policier de la cellule, un peu amer.

Quelques semaines plus tard, j'apprendrai en effet que le tribunal a décidé d'un simple suivi éducatif pour Idriss.

Le pervers, la mamie réac et moi

Louvres, mardi 11 mai

17 h 30 : le RER quitte la gare de Louvres. Nous sommes seulement deux à l'étage supérieur. À quelques sièges de moi, un homme d'une cinquantaine d'années, indien ou peut-être pakistanais, me fixe, un affreux rictus aux lèvres. Bêtement, je lui adresse un sourire courtois, histoire de me rassurer sur la nature de ces simagrées. Erreur : il prend ça pour un encouragement ! Il commence à me faire des clins d'œil, qu'il pense torrides, s'humecte grossièrement les lèvres et se tord la bouche dans des grimaces dégoûtantes. Je regarde par la fenêtre, je fouille dans mon sac, je joue un peu avec mon portable… Que le temps peut sembler long parfois dans le RER ! Au moins, dans le métro, j'aurais déjà pu changer de voiture plusieurs fois.

Le voilà maintenant qui se lève et se rapproche de quelques rangées. Moi, qui, tout juste ce matin, rigolais en imaginant pour mon livre un titre du genre *J'ai passé un an dans le RER sans me faire violer*, je ne ris plus du tout. Il sourit toujours en me regardant fixement. J'ai même l'impression qu'il tripote sa braguette. En désespoir de cause, je mets en route mon plan B : sanction, répulsion ! Je commence par me moucher, le plus bruyamment possible. Une narine après l'autre. S'il continue, je sors l'artillerie lourde : les doigts dans le nez et la chasse aux points noirs !

Nous approchons de la gare des Noues. Je me lève pour changer de voiture. Un vent froid balaie le quai. Je m'engouffre dans la porte juste avant que ne retentisse le signal sonore. Quelques stations plus loin, à Saint-Denis, j'aperçois mon pervers qui sort, nonchalamment, sur le quai.

Je n'en ai pas fini. À la gare du Nord, je change de RER et opte pour un tour sur la ligne E. Je monte dans un train qui s'apprête à démarrer en direction de Chelles-Gournay. Je remarque une femme blonde, foulard violine noué autour du cou, paupières mauves et lèvres pourpres, qui se tient très droite, maniérée, délicate. Après ma peur de tout à l'heure, j'ai envie de parler à quelqu'un. Pourquoi pas elle ?

Erreur ! Elle n'a pas mis un bout du doigt sur la barre centrale qu'elle s'exclame : « Non, ça ne va pas ! J'ai oublié de mettre mes gants. Heureusement, j'ai ma bouteille de gel antibactérien pour me désinfecter les mains dès que possible. Je ne m'assieds jamais dans le RER. Je préfère largement le métro, ça n'a rien à voir, la population est tellement différente. Oui, je déteste le RER ! »

Odile, 65 ans, se penche maintenant vers moi et murmure avec un sourire contrit : « Je suis un peu raciste… Je sais que ce n'est pas correct, mais c'est comme ça. Je n'y peux rien, je n'aime pas beaucoup les étrangers ! » Comme elle va jusqu'au terminus, elle a le temps de déverser toute sa bile sur la banlieue parisienne : « C'est bien simple : je la déteste. Tout y ferme à l'heure du déjeuner, c'est triste et on s'y ennuie. Pour venir à Paris, il faut prendre le RER, rempli de gens qui ne travaillent pas et d'immigrés qui mettent les pieds sur les sièges. Il faut avouer qu'il n'y a pas tant de mixité sociale à Paris. Et en plus c'est violent, on ne peut même pas sortir le soir ! »

Ne sachant pas trop quoi lui répondre, je prends des notes, appuyée contre la rampe qui mène à l'étage. Elle me montre le paysage. Je dois reconnaître qu'il n'est pas vraiment réjouissant, en cette fin de journée grise et bruineuse.

À Bondy monte une maman noire qui se démène pour caser une poussette dans l'allée. Dans un subit accès de compassion, Odile hoche la tête : « C'est vrai que les étrangers n'ont pas une vie facile. Certaines femmes sont exploitées, elles sont debout à 4 heures du matin, doivent s'occuper de leur famille, et en plus elles sont mal logées. Enfin, il faut dire qu'ils vivent quand même très repliés sur eux-mêmes. »

Patricia : « Je me suis dit qu'il était fait pour moi ! »

Juvisy, jeudi 13 mai

Changement total de registre. J'ai rangé mes habits de combat pour me couler dans un look plus bohème. Ce matin, l'amour est de nouveau au programme puisque j'ai rendez-vous à Saint-Michel - Notre-Dame avec une jeune fille rencontrée grâce au courrier du cœur de *Métro*. Patricia, jolie Martiniquaise de 26 ans, cheveux courts et yeux noisette, se montre au départ un peu gênée, mais elle s'enhardit très vite et me conte son histoire avec une autodérision charmante. En septembre dernier, elle a « complètement flashé » sur un inconnu monté en gare de Juvisy. « Moi, comme tous les matins, j'avais pris le RER à Arpajon pour aller travailler à Paris. J'avais sûrement déjà croisé ce type, mais, ce jour-là, j'ai eu un déclic : je me suis dit qu'il était fait pour moi ! »

Les mois suivants, elle aperçoit chaque matin le jeune homme, qu'elle imagine être antillais ou peut-être marocain. « Nos regards se rencontraient, puis nous détournions les yeux. J'ai même l'impression que nous nous décalions pour être certains de nous voir ! Enfin, je crois, je n'ai quand même pas pu inventer ça ! À moins que je ne me sois vraiment fait un gros film… » Patricia s'interrompt, esquisse un sourire et répète : « C'est vraiment une histoire de fou ! »

Pendant cette période, Patricia se surprend à penser à cet inconnu avant de s'endormir. Elle lui donne un prénom : Michael. « Pourquoi pas ? dit-elle aujourd'hui, ça sonne bien, Michael, non ? »

Le matin, elle se lève même de plus en plus tôt pour avoir le temps de soigner son apparence : « J'ai commencé par un brushing tous les jours, alors qu'avant je n'en faisais que le week-end. Je ne suis pas une midinette, le genre de fille pleine de chichis, mais, je ne sais pas pourquoi, j'étais à fond dans cette histoire. Quand nous étions dans le RER, je nous imaginais déjà aller dîner ensemble chez des amis ! »

Après avoir analysé pendant plusieurs mois le moindre mouvement de l'inconnu, Patricia se décide à agir. Un matin, elle lève la tête en direction de son « bel étranger » et lui adresse un timide « bonjour », qu'elle accompagne d'un petit geste de la main. « Il m'a envoyé un petit "bonjour" à son tour, mais il semblait mal à l'aise et a tout de suite baissé les yeux. »

Patricia est fière d'avoir osé « briser la glace » et attend fébrilement le prochain voyage en train. Deux jours plus tard, elle prend le RER C de 8 heures, le cœur battant. L'homme monte, comme d'habitude, à Juvisy, et leurs regards se croisent de nouveau. « C'était un regard froid et insignifiant. J'ai été très déçue, j'ai vu quelqu'un qui prenait tout simplement son RER pour aller travailler. Tout ce que j'avais imaginé ne tenait plus la route. J'avais du mal à y croire ! »

Vexée, la jeune femme décide de changer de voiture. Plus question de le croiser ! Le hasard met pourtant de nouveau l'inconnu sur sa route. « Je me suis retrouvée nez à nez avec lui. Juste le temps de remarquer qu'il ne se rasait plus de près. »

Le temps passe. Malgré une vie bien remplie, des études prenantes et un tempérament festif, Patricia ne parvient pas à oublier l'homme du train. « Quelque chose me disait que nous devions nous rencontrer. C'était une sorte d'intuition. »

Un matin, elle lui avoue qu'elle lui a laissé des petits mots sur le site de *Métro*, à la rubrique « Courrier du cœur », sous le pseudo de « Créolita ». Le lendemain, le jeune homme lui dit que c'est « vraiment courageux » de lui avoir parlé de son annonce. Rien de plus. Elle le trouve glacial, lointain. Et puis plus rien.

« En fait, conclut Patricia, je me suis pris un gros vent ! Je suis malgré tout contente d'avoir osé tenter quelque chose. Je me dis que c'est aussi à nous, les filles, de choisir les hommes ! »

Certaines histoires d'amour du RER connaissent un dénouement plus heureux. Je pense à Yann, 39 ans, qui m'a raconté son coup de foudre. « Il y a une quinzaine d'années, j'étais étudiant et je faisais un stage sur la ligne B. Au bout d'une semaine, j'ai remarqué, à quelques sièges de moi, une très belle blonde. Elle me plaisait énormément, mais elle dormait tout le long du voyage. Je la surnommais “la marmotte” ! Un matin, elle a changé de place et s'est rapprochée de moi. Je me suis dit qu'il y avait de l'espoir, puis, à ma grande déception, elle s'est de nouveau assoupie. Quelques jours plus tard, en sortant du RER, elle a fait un signe de la main à une collègue qui restait dans le train. Bien sûr, je l'ai pris pour moi ! Du coup, le lendemain, j'étais plus confiant et j'ai osé l'aborder. On avait un sujet de conversation tout trouvé : les retards sur la ligne B du RER. » Après une promenade en 2 CV dans le parc de Rambouillet, ils tomberont vraiment amoureux l'un de l'autre, se marieront et auront plusieurs enfants. Pour leurs amis, ils restent « les mariés du RER ».

« Pas les menottes ! Ça fait trop criminel ! »

Villiers-le-Bel, samedi 15 mai

Je vais passer la journée avec la brigade des réseaux ferrés. Ils m'ont prévenue : le samedi sera chaud ! Au programme, au départ de La Chapelle, une manifestation des No Border, les militants toujours très violents d'un réseau luttant pour l'abolition des frontières. Puis de nombreux « teuffeurs » et « raveurs » sont attendus à Stalingrad, où un concert doit avoir lieu. Pour finir, le procureur de la République a ordonné le bouclage de la gare de Villiers-le-Bel entre 17 h 30 et 19 h 30 en raison de plusieurs infractions commises récemment sur la zone nord de la ligne D.

C'est à cette dernière mission que Yohan, Christian et Florine, composant l'équipe Bravo 136, que je vais accompagner aujourd'hui, ont été affectés. L'ordre du procureur les autorise à contrôler l'identité de tous les voyageurs qui passeront par la gare, qu'ils aient ou non commis une infraction. « On cherche tout : armes, stups, vols, violence. Absolument tout, sauf les infractions financières ! » m'explique Florine, une jolie brune bavarde et gironde dont les ongles sont décorés de petits dessins brillants.

Pendant le trajet, nous retrouvons d'autres patrouilles. Les jeunes recrues discutent affectations, cinéma et « Koh-Lanta ». Ils évoquent les épreuves de sélection du GIGN, le corps qui les fait rêver. Florine, elle, papote gaiement au téléphone avec un collègue. Je suis étonnée par la décontraction ambiante.

L'atmosphère change dès notre arrivée à Villiers-le-Bel. Quelques hommes s'agitent dans un coin derrière les grilles de la gare. L'un d'entre eux s'enfuit à toutes jambes. Deux policiers s'élancent à sa poursuite. Ceux qui n'ont pas eu le temps de s'échapper sont fouillés, dos au mur. Un policier extirpe quatre barrettes de haschich de la chaussette d'un garçon d'une vingtaine d'années.

« Vous n'allez pas m'arrêter pour ça ? s'inquiète ce dernier. Ne me mettez pas les menottes ici devant tout le monde, ça fait trop criminel ! S'il vous plaît !

– Écoute, je suis obligé de te "pincer" », explique le policier.

Les hommes partis rattraper les fuyards réapparaissent bredouilles. « Il devait y avoir le vendeur, il nous a vus descendre du train. Il avait une longueur d'avance ! » se justifie l'un d'eux en reprenant son souffle, les mains sur les cuisses.

Rapidement, de nouvelles patrouilles débarquent. Je ne sais plus où diriger mon regard. Des sifflets fusent de partout. Des têtes surgissent aux fenêtres. Des clients sortent d'une sandwicherie. Des voitures approchent de la gare, puis font rapidement demi-tour. Des jeunes ont sorti leur téléphone et décrivent le quadrillage des lieux. « Ceux qui devaient venir ne viendront plus. Tout le monde est prévenu qu'il y a une descente de flics, maintenant », tempête un grand échalas en uniforme.

Chaque train apporte son lot de contrôlés. En grande majorité des jeunes, en bandes de trois ou plus, portant l'uniforme habituel : casquette, survêtement, contrefaçon de sacoche de marque, baskets. Un adolescent, les mains serrées autour de son bas de jogging, hurle à un policier : « Tu fouilles pas mon bas, je t'ai dit ! Tu vas faire quoi ? » « Tu joues le malin parce que tu as ton costume, mais attends un peu ! » menace un autre en vidant le contenu de ses poches.

De jeunes garçons font des allers-retours en narguant deux adolescents plus âgés coincés contre un mur par trois hommes en uniforme. Un des « grands » s'agite et tente brusquement de se dégager de l'emprise du policier pour se ruer vers eux : « Je vais les défoncer, ces petits cons ! Ils se foutent de nous, mais dès qu'ils ont un problème ils vont pleurer au commissariat ! Lâchez-moi ! Je vais me les faire ! »

Un homme noir d'une cinquantaine d'années s'approche d'un autre groupe de policiers. « C'est mon fils ! » crie-t-il en montrant un garçon d'environ 15 ans, immobile entre trois policiers.

Je suis de plus en plus mal à l'aise. À me voir en civil prenant des notes et traînant derrière les hommes en bleu, certains pensent que je suis leur chef, d'autres que je viens d'être contrôlée. Plus tard, un jeune d'une quinzaine d'années me lancera, plus perspicace : « Il faut le dire, madame, qu'ils nous contrôlent dix fois par jour ! » De fait, je constate qu'il suffit d'un look un peu trop affirmé, d'un regard de travers ou d'un air moqueur pour se voir demander sa pièce d'identité et fouiller. Bientôt, ils sont sept ou huit jeunes alignés contre les murs du souterrain. Face à eux, des policiers déclinent inlassablement leurs identités dans leur radio. La même scène se joue simultanément dans tous les coins de la gare.

Des groupes de filles qui passent en esquissant des moues provocantes subissent le même sort. « Maintenant, la délinquance a changé, les filles deviennent plus violentes. Avant, elles se contentaient de faire les mulets pour les hommes. La semaine dernière, j'en ai contrôlé avec des couteaux de boucher ! » me raconte l'un des hommes de la brigade.

Quatre gamines sont alignées contre le mur. « C'est pas grave, les filles, on prend l'habitude des contrôles, leur explique un adolescent à peine plus âgé. Ce sera toujours comme ça, ici ou à Paris. » Elles ne détachent pas les yeux de leurs chaussures. « Elles ont peur d'être vues par les grands de leur cité et qu'ils croient qu'elles ont fait des conneries », m'explique le policier qui les contrôle.

Devant la gare, un moustachu d'un certain âge s'approche de la brigade : « C'est bien que vous soyez là. On n'en peut plus ! Bientôt on devra vous appeler même pour faire les courses ! Tous mes amis se sont fait agresser à cette gare. On a peur de prendre le train. Il faudrait laisser les gens avoir une arme ! » Il s'attarde un long moment pour observer ces contrôles en série.

Lorsque nous quittons enfin la gare, les policiers font le point sur leur maigre butin : quatre barrettes de haschich, un sachet d'herbe et un cutter…

Dans le cockpit

De la gare du Nord à Saint-Rémy-lès-Chevreuse, samedi 22 mai

Je regarde défiler les tongs, les paniers, les robes légères, les lunettes de soleil et les bermudas, autant de taches multicolores qui composent une joyeuse procession sur le quai baigné de soleil. Les usagers eux-mêmes me paraissent changés, plus légers. J'ai même de petites frayeurs lorsqu'un d'entre eux s'approche trop près du train.

En ce début d'après-midi, j'ai l'impression d'avoir la place de la reine : je voyage à côté du conducteur. Avec un rien d'imagination, je pourrais même me prendre pour le capitaine d'un voilier, debout à la proue de son trois-mâts… Le train prend sa vitesse de croisière et abandonne la gare du Nord. Cap sur Saint-Rémy-lès-Chevreuse. Hissez haut !

J'ai rencontré l'homme à qui je dois ce cadeau un jour de grève, il y a quelques semaines. J'avais passé l'après-midi dans un local de la CGT, à deux pas de la gare du Nord. Ce jour-là, autour de la table, discutaient des contrôleurs, des aiguilleurs, des mécaniciens. D'abord méfiants à l'égard de « ces journalistes » qui ne cessent de « monter les usagers » contre eux « sans jamais relayer [leurs] véritables revendications », les grévistes m'avaient exposé leurs craintes au sujet de l'avenir de leur entreprise. Dans ce local enfumé, j'avais découvert leur attachement sincère et profond pour « la boîte ».

Un petit brun énergique aux yeux clairs, conducteur de train, m'avait particulièrement séduite par son engagement et sa vivacité d'esprit. Il paraissait bien plus jeune que les autres cheminots, mais ses idéaux et ses combats me rappelaient Claude, ce conducteur de RER de la première heure qui avait évoqué avec beaucoup d'émotion ses « copains » et ses « petites guerres civiles ».

Il avait accepté de m'emmener faire un tour à ses côtés à condition que je ne révèle pas son identité, le règlement de la SNCF interdisant formellement de le faire sans une autorisation préalable de la direction. Il sera donc « le Conducteur », en espérant qu'il prenne ce terme générique comme un hommage.

Le jour est venu. J'attends le Conducteur sur la voie 42 de la gare du Nord. À son arrivée, il m'entraîne pour quelques minutes dans une salle de repos, située sur le quai. Là, il tente de rassurer un collègue catastrophé qui vient de louper sa relève. L'homme tourne en rond, paniqué, et décide finalement d'embarquer dans un RER afin de reprendre son train au terminus.

« Il ne va pas très bien, m'explique le Conducteur, il a divorcé et sa femme l'empêche de voir ses gosses. Ce n'est pas un cas isolé chez les cheminots. L'absence, les horaires décalés mènent de nombreux couples à la séparation. »

Puis nous voilà dans la cabine. Le Conducteur m'explique le fonctionnement des différents signaux qui régissent la conduite et les commandes qu'il utilise pour fermer les portes ou démarrer. Il revient ensuite sur leurs conditions de travail : « En plus de ce quotidien un peu hors du commun, il faut savoir que beaucoup de conducteurs ne vivent pas dans le coin. Sur le dépôt Île-de-France, j'estime qu'au moins 40 % des effectifs viennent de province. Avant, il y avait quelque chose de très convivial dans l'hôtel où dormaient les conducteurs, ils jouaient aux cartes, discutaient pendant des heures. Maintenant, c'est très confortable, mais aussi très froid et moins joyeux. »

Mon compagnon est devenu cheminot « par hasard ». Il avait prévu de faire une carrière d'orthophoniste, mais il a changé de cap après sa troisième année d'études. « Je ne regrette vraiment pas ce choix. J'apprécie de voir passer ces paysages qui évoluent au fil des saisons, comme ces soirs d'été, quand je reviens du Stade de France et que la lumière du soleil couchant inonde le Sacré-Cœur. J'aime la liberté et la solitude de ma cabine. C'est aussi une immense responsabilité de tirer un train bondé. Les jours où tout va bien, cela peut être un métier très agréable ! Nous sommes vraiment en contact avec la société. Nous voyons de belles choses. Des tranches de vie très simples, comme un usager qui en aide un autre, un couple d'amoureux qui s'embrassent… »

D'un geste de la main, il balaie la banlieue qui s'étend devant nous : « Les mentalités sont très différentes selon les morceaux de ligne. Par exemple, ici, sur la B sud, les gens ne viennent jamais taper au carreau, ils préfèrent remplir des cahiers de doléances ! Au nord de la ligne, c'est plus direct, plus populaire. Ils tapent au carreau et te disent : “Alors, t'es en retard !”, mais ils n'iront jamais se plaindre à la SNCF. Il n'y a pas longtemps, j'ai embarqué avec moi un ami qui travaille comme cadre à La Défense. Il n'en revenait pas de voir des bidonvilles aux portes de Paris ! »

En revanche, au moindre incident, la solitude peut devenir très pesante. « Un jour, se souvient le Conducteur, nous sommes tombés en panne en pleine voie. J'avais à gérer l'inquiétude des usagers, l'agressivité de certains et une femme enceinte qui faisait un malaise. » Autre crainte : voir un usager se jeter sous le train. « Pour l'instant, je n'en ai pas encore eu, mais je sais que, statistiquement, cela doit m'arriver au moins une fois. J'ai un collègue qui est en arrêt depuis quinze jours à cause de ça, et un autre, à la retraite, qui en a eu sept ! »

Il y a aussi ces jours où les conducteurs n'ont pas le moral et où ils doivent malgré tout passer des heures isolés dans leur « cockpit ». « J'ai vécu une rupture douloureuse il y a quelques années, c'était un enfer de venir bosser. Tu te retrouves à cogiter tout seul. C'est vraiment très dur ! »

Le train traverse maintenant la campagne et arrive à Saint-Rémy-lès-Chevreuse. Pile à l'heure. Nous remontons le quai au pas de course pour nous installer dans la cabine à l'opposé de la rame. « Avec les tableaux de service qu'ils nous font, on n'a même plus le temps de pisser », ironise le Conducteur, un peu amer.

Les minutes sont comptées, mais le Conducteur ne néglige pas de faire toutes ses vérifications avant de repartir en sens inverse vers la gare du Nord, puis de remonter jusqu'à Roissy - Charles-de-Gaulle. En route, un copain, retraité de la CGT, tapote au carreau. Le Conducteur l'embarque. Alain va voir un match de rugby au Stade de France. Il est intarissable : « Allez, fonce, petit ! Faut pas que je sois en retard au match ! Je t'ai déjà raconté mon dîner chez Georges [Marchais] ?

Sa femme cuisinait bien ! Je vais être à la bourre au match, dis donc. Tu as quelle heure ? »

Il parle maintenant en breton. Le train glisse sur les rails de la station Saint-Michel et Alain se rembrunit : « Ça me rappelle des souvenirs ! Et pas des bons ! Pendant longtemps, ç'a été dur de passer ici, pour nous les conducteurs. » Je comprends qu'il veut parler de l'attentat du 25 juillet 1995. « Ce jour-là, je ne travaillais pas. J'avais déjeuné à la cantine avec un collègue et, sur le chemin du retour, je suis monté avec le mécano. Arrivé à Saint-Michel, on a entendu un bruit énorme. Je suis descendu sur le quai et j'ai aperçu un trou béant sur une des voitures, de la fumée. J'ai entendu des hurlements. » Il se tourne alors vers moi, le visage tendu, et me parle à voix basse : « En levant la tête, j'ai vu un bras accroché à la voûte du plafond. Je suis allé vomir au fond du quai… »

Un autre « mécano » monte dans la rame et vient discuter dans la cabine. Le Conducteur tente de le convaincre de cesser le travail lors de la prochaine grève. Lui, il sera une nouvelle fois au dépôt aux aurores pour informer ses collègues et les inciter à rejoindre le mouvement. J'interroge le Conducteur sur l'implantation des différents syndicats selon les lignes. D'après lui, « en gros », la CGT et la CFDT dominent sur la ligne A, la CGT et SUD sur la B, FO sur la C, la CGT et SUD sur la D et la CFDT sur la E.

Pendant ce temps, les paysages cossus de la banlieue sud, ses nombreux pavillons et le parc naturel de la vallée de Chevreuse ont été progressivement remplacés par les barres d'immeubles et les maisons ouvrières…

« Cette fois, je vais t'exploser ! »

Cergy - Saint-Christophe, samedi 12 juin

Ce soir, je rentre du festival « 100 Contests » à Cergy - Saint-Christophe, une station avant le terminus de la ligne A3. Les jeunes sont de plus en plus nombreux à se masser dans la gare, toisant des policiers au visage impassible. Un adolescent crache près de l'un d'eux, qui reste de marbre, lèvres serrées derrière la visière de son casque. Ils sont maintenant des centaines, guillerets, énervés ou titubants, à envahir le quai, aussi chargé qu'un jour de grève aux heures de pointe. Trop tard pour le RER. À cette heure-là, il faut se contenter d'un train de banlieue mis exceptionnellement en service à cause du concert.

Je me fraie un chemin et m'installe dans un petit coin au fond d'une rame. Des groupes de jeunes survoltés dansent entre deux rangées de sièges pendant que d'autres, solitaires, se recroquevillent comme moi contre la vitre. Le train avance au ralenti dans la nuit noire. Nous traversons des gares mal éclairées, inquiétantes. Je ne suis pas très confiante. Depuis le temps, j'ai mis au point quelques stratégies pour me rassurer dans les situations délicates : je m'avachis sur mon siège, je mets mes baskets immondes sur celui d'en face et je sors un paquet de bonbons crocodiles que je mâchonne bruyamment, le regard aussi vide que celui d'une vache ou d'un dindon. Franchement, si j'étais une voleuse, je ne me choisirais pas comme cible !

Deux garçons ivres s'embrouillent à deux sièges de moi. Un homme à la mine patibulaire traverse la voiture. À un arrêt, je vois des gens courir en hurlant sur le quai. Cela ne me dit rien de bon. J'aimerais bien apercevoir l'ombre d'une casquette de police.

Il est plus de 2 heures du matin lorsque le train entre enfin en gare de Saint-Lazare. Sur le quai, un couple se dispute bruyamment. Ils semblent ivres et prêts à se battre. Je me place dans la longue file d'attente devant la station de taxis. Un jeune homme à la chevelure blonde et ondulée s'approche de moi. Il a du sang sur la figure et a perdu un morceau de dent. « Je peux passer devant vous, s'il vous plaît ? Je me suis fait agresser dans le train et je dois me rendre à l'hôpital. » Des garçons portant pantalons larges et tee-shirts XXL jaillissent soudain de l'autre côté du trottoir. Un géant s'approche du jeune blessé, l'air menaçant :

« Encore toi ! Cette fois, je vais t'exploser !

– Arrêtez, je ne vous ai rien fait ! »

La victime recule en protégeant son visage. Mon cœur cogne dans ma poitrine. J'essaie de m'interposer, mais mollement. Le géant se rapproche ; il fait deux fois ma taille. Des noctambules s'arrêtent et observent de loin. Près de nous, des amis de l'agresseur tentent de le retenir et y parviennent suffisamment longtemps pour permettre à la victime de s'enfuir, sa main appuyée sur sa bouche sanguinolente. Je cours derrière lui et, plus loin, à quelques encablures de la gare, nous montons dans le même taxi. Deux éclopés vont traverser Paris en silence. Moi encore tremblante, honteuse de n'avoir rien pu faire, et lui le regard toujours épouvanté, essuyant avec mon mouchoir son visage ensanglanté.

ÉTÉ

Symphonie inachevée

Val-de-Fontenay, lundi 21 juin

Ma dernière saison dans le RER commence avec la fête de la Musique. Mon manteau noir a rendu l'âme : poches trouées par des stylos à bille, revers tachés par des bavures de ketchup ou de chaussons aux pommes, trous de cigarettes mal éteintes, exhalant toutes les odeurs du monde, il gît maintenant, tas informe et inutile, dans une de mes armoires.

Pour l'instant, il est 19 heures, il a fait beau toute la journée et je rêvasse quelque part sur la ligne E entre Roissy-en-Brie et Villiers-sur-Marne. En fait, comme j'ai appris à le faire depuis le début de mon aventure francilienne, je ne rêve que d'un œil. L'autre reste aux aguets, scrutant consciencieusement, et le moins indiscrètement possible, la vie de la voiture.

Justement, à quelques sièges de là, mon « œil de faction » surprend le manège d'une grande jeune femme, blonde et frisée, qui aborde sans détour un homme d'une vingtaine d'années à la peau mate et à l'allure athlétique assis sur une autre banquette. Le sportif retire ses écouteurs, apparemment ravi de l'aubaine, et lui fait une place. Dialogue discret, regards enjôleurs, sourires de moins en moins timides : en voilà deux qui débutent leur fête par un doux concerto. Et puis, surprise : le RER entre en gare de Val-de-Fontenay et la fille descend en faisant un bref signe de la main.

Intriguée par cette rencontre éclair, je rejoins le jeune homme et engage la conversation avec lui. « Vous avez bien vu, non ? me dit-il. C'est elle qui m'a accosté ! Elle m'a demandé si ce train s'arrêtait bien à Val-de-Fontenay ! C'est évident que ce n'était qu'un prétexte. Elle m'a raconté sa vie. Elle est coiffeuse. Je lui ai même demandé si elle "faisait la barbe" ! »

Fred, 24 ans, avoue faire souvent ce type de rencontres. « Je suis assez ouvert et c'est encore plus facile de rencontrer des gens les soirs de fête. » Fin stratège, il a repéré les lignes les « plus conviviales » : la A, par exemple, lui semble bien plus sympathique que la B.

S'il n'a pas suivi la jeune femme à Val-de-Fontenay, c'est parce qu'il a rendez-vous, dans ce train, avec un de ses meilleurs amis, rencontré il y a dix ans très exactement un soir de fête de la Musique. À l'approche de Paris, nous nous levons pour accueillir un grand Noir – au moins 2 mètres – qui nous serre la main. « Voilà, c'est lui mon pote rencontré dans le RER ! » annonce joyeusement Fred.

Six filles – bottes et chapeaux de cow-boy, minijupes en jean et chemises à carreaux – chahutent près de la porte. « Aujourd'hui, nous sommes la coyote team ! On va faire la tournée des bars et s'éclater toute la soirée ! » annonce l'une d'elles en sortant une flasque de vodka de son sac. Fred et son complice ne les quittent pas des yeux. Tout ce beau monde descend à Magenta pour s'amuser. Et moi, petite soutière du RER, je décide de faire un tour sur la ligne B sud.

Passé les stations parisiennes, je me sens bien seule dans la voiture. Tous les usagers se massent sur les quais en direction de la capitale. À Bourg-la-Reine, fatiguée de cette solitude, je décide de faire demi-tour pour naviguer dans le sens du vent. Je monte dans cette partie de la voiture dépourvue de sièges, pratique pour ceux qui transportent des objets volumineux et pour les fumeurs, qui viennent souvent s'y planquer. Ce soir, pas d'odeur de tabac ni de marijuana, mais de la musique à tue-tête. « Fini les yeux rouges, le teint pâle, la parano, depuis que je fume plus de shit ! » s'égosille justement une voix juvénile. Trois garçons d'une vingtaine d'années jouent de la guitare, du djembé et d'un instrument qui ressemble à une petite caisse en bois. « C'est un cajón, un instrument espagnol », m'explique « Bib's ». Les trois étudiants ont l'intention de jouer dans les rues de Paris, « peut-être au canal Saint-Martin ». Je leur demande s'ils ont déjà pensé à venir jouer dans les couloirs de l'« Olympia du pauvre ». La réponse de celui que les autres surnomment « Asperge » me glace : « Jouer dans le RER ? Ça ne va pas ? Je suis un bourgeois, mes parents ont une grande et belle maison ! »

Nous descendons tous à Saint-Michel, un des hauts lieux de la Fête. Un essaim bourdonnant a envahi les rues, et les terrasses affichent complet. Je flâne un peu le long de la Seine. Encore un sandwich en solitaire ! À chaque pas, je suis assaillie par des bribes de musique. Ici, une pâle imitation de Bono ; là, un solo surprenant de guitare électrique ; plus loin, une chanson de Tété reprise par un groupe de spectateurs. Je vois passer plusieurs maillots bleu et blanc de supporteurs du Honduras, dont l'équipe affronte ce soir l'Espagne en vue d'une qualification pour les huitièmes de finale de la Coupe du monde de foot. Quelques maillots brésiliens colorent aussi la foule. Depuis la débâcle des joueurs français, le bleu n'est pas très tendance !

Vers 23 heures, j'erre dans le grand hall RER des Halles. J'hésite à me lancer dans une nouvelle correspondance. Près de moi, une vingtaine de policiers regardent passer un groupe de garçons aussi nombreux qu'eux. « 2, 4, 6, 8… Putain, c'est un truc de ouf ! Mais ils sont combien ? » s'exclame un des hommes en uniforme. À peine quelques secondes plus tard, toute la patrouille traverse la station au pas de course. Près de moi, deux filles se moquent : « Ils se prennent pour des Goldorak, ceux-là ! Regarde-moi tout ce cinéma ! » Je presse le pas pour suivre les policiers, qui se ruent dans le couloir menant à la ligne 14 du métro. Là, c'est la panique : un flux et reflux de passagers, des vagues de jeunes dans tous les sens. Les passants craignent d'être renversés, je me sens étouffer dans ce boyau pris d'assaut.

Je sursaute lorsqu'un policier surexcité vocifère : « Tous contre le mur ! » Ma curiosité m'a encore joué des tours ! Qu'est-ce que je fous dans ce tunnel en plein milieu d'une interpellation ? Une jeune femme se colle à moi, et murmure : « C'est trop flippant ! Et c'est ça, la fête de la Musique ? »

Je parviens enfin à m'extirper et à rentrer chez moi. Repensant à mon début d'année gare du Nord et au garçon à la dent cassée de Saint-Lazare, je me demande pourquoi toutes les fêtes se terminent violemment dans les gares du RER. Ici, la symphonie est toujours inachevée.

Fraudeuses rieuses, fraudeur élégant, fraudeur militant

Auber, lundi 28 juin

Dans un immense éclat de rire, telles des enfants sur un manège de la foire du Trône, les deux femmes se serrent l'une contre l'autre pour passer le tourniquet d'accès au RER A. Houria, la maman, et Camélia, la fille, pratiquent ainsi la fraude en famille dans la plus parfaite bonne humeur. « Pour venir à Paris, on triche aussi sur les zones de nos cartes de transport », précise Houria. « Normalement, avec notre abonnement, nous n'avons que deux zones, ça veut dire qu'on ne peut venir à Paris », complète Camélia, qui dépasse sa maman d'une tête.

Aujourd'hui, elles sont venues de La Courneuve pour acheter leurs billets d'avion vers l'Algérie, où elles vont passer leurs vacances d'été. Elles n'ont utilisé que 4 tickets au lieu de 8. « C'est un risque, mais quelle économie ! » reconnaît Houria, qui affirme malgré tout être consciente de donner à sa fille un « mauvais exemple ». Dieu reconnaîtra les siens.

Pas de mauvaise conscience non plus chez Allan, mais une saine gestion de son budget. Cet étudiant en droit bien mis, rencontré à Nanterre-Université, m'étonne par sa manière élégante de sauter à pieds joints par-dessus le tourniquet, retombant avec légèreté sur le sol et poursuivant son chemin comme si de rien n'était : « Cela peut sembler paradoxal de sauter les barrières pour un jeune juriste, se justifie-t-il, mais je n'ai vraiment pas la possibilité d'acheter des tickets. Pour moi, le premier budget que je peux rogner, c'est celui des transports. » Allan avoue cependant « ressentir une certaine humiliation » à enjamber ainsi les tourniquets. « Je me dis que c'est irrespectueux, car les autres paient leurs titres de transport. Quand j'étais en CDD, j'avais droit à une Carte orange. J'étais content et surtout fier de sortir mon passe, comme tout le monde. J'aimais bien tomber sur les contrôleurs quand j'étais en règle ! »

Allan reconnaît que la vie de fraudeur n'est pas un long fleuve tranquille. « Il faut être sur le qui-vive tout le temps. » Les rares fois où il achète un ticket, c'est lorsqu'il se rend à un entretien d'embauche. « Question d'organisation : je ne peux pas me permettre d'être retardé ou stressé. Je n'ai vraiment pas intérêt à passer 45 minutes avec les contrôleurs. »

Certains fraudeurs soucieux de justice sociale ont mis au point une sorte de mutuelle : chacun verse une cotisation mensuelle – en moyenne 7 euros – et, lorsqu'un membre « se prend » une amende, l'association rembourse l'intégralité de la somme. Ces groupements cultivent le secret et il est relativement difficile de les rencontrer. Après plusieurs relances par e-mail, un dénommé Gilles a cependant fini par me donner rendez-vous à la gare d'Épinay-sur-Seine. Il apparaît devant la gare, vélo bleu sous le bras et « locks » en pagaille. Élevé dans un milieu ouvrier mais « avec une mentalité bourgeoise », Gilles affirme avoir toujours été anarchiste : « Je me suis investi dans le syndicalisme pour construire l'avenir et limiter les dégâts. » Adhérent du réseau RATP (Réseau pour l'abolition des transports payants), il est un des fondateurs de la mutuelle du XIe arrondissement, qui regroupe aujourd'hui 25 membres.

Gilles souhaiterait instaurer une condition d'ancienneté pour éloigner les brebis galeuses « qui viennent dans un esprit de consommateur ». Car, pour lui, créer une mutuelle ou y adhérer est un acte militant en faveur de la gratuité des transports. « Je ne comprends pas pourquoi on devrait payer pour aller engraisser un patron. C'est à eux de verser les fonds pour le transport de leurs employés. Les grands magasins peuvent également participer, ils sont bien contents que les transports fonctionnent, non ? » Il affirme aussi se battre pour la protection de la vie privée. « Avec le passe Navigo, ils peuvent avoir un tas d'informations sur toi ! Rien ne garantit qu'ils ne refilent pas ces données. À long terme, on va avoir le code-barres sur la tête ou la puce au creux du doigt ! »

Ce n'est pas non plus parce qu'on est couvert par sa mutuelle que l'on voyage inconsciemment. « La règle d'or, c'est de regarder au loin, explique Gilles. Si on repère un barrage de casquettes, il faut prévenir tous les autres usagers en criant : "Attention, contrôle !" » Il arrive à Gilles de modifier son parcours en fonction de la présence ou non de portillons dans la gare, ou d'acheter un ticket demi-tarif pour ne pas se faire prendre. « Le but n'est pas de frauder pour économiser ; c'est un acte militant pour faire changer les choses. » Parfois, lorsqu'il croise les contrôleurs, il échange avec eux quelques paroles sympathiques. « Un jour, un contrôleur m'a demandé mon titre de transport. Je lui ai tendu un bout de carton en forme de ticket sur lequel était écrit : “Liberté de circuler !” Il a beaucoup ri et m’a dit : “On se connaît, non ?” »

Pour ceux qui n’ont pas de mutuelle, resquiller peut coûter très cher. Victor, 28 ans, grand brun aux yeux bleus, en a fait l’amère expérience. En 2003, alors stagiaire près de chez lui, à Levallois-Perret, il décide de faire l’économie d’une carte de transport annuelle. Les contrôleurs le verbalisent une première fois. Sur sa carte d’identité figure alors son ancienne adresse, alors qu’il vient de déménager. Deux mois après cette mauvaise rencontre, Victor ne voit toujours pas venir la contravention. « Je me suis dit que c’était joué, que je ne la recevrais jamais. » Certain d’avoir trouvé le bon filon, il continue de resquiller le cœur léger. « J’étais tellement sûr de mon coup qu’un jour j’ai même sauté les tourniquets sous le nez des mecs de la SUGE [surveillance générale] ! » Même à Châtelet-les Halles, station pourtant connue pour être peuplée de contrôleurs et de policiers, Victor ne prend pas garde. « Une fois, pendant les soldes, j’ai pris le RER A pour aller faire du shopping et j’ai eu une amende à l’aller et une autre au retour ! »

Son petit jeu prend fin au mois de septembre 2004 lorsqu’il reçoit un coup de fil de son banquier. « Le Trésor public m’avait retrouvé et s’était adressé à la Société Générale, qui avait fait un premier retrait de 400 euros sur mon compte. » En tout, c’est une dizaine d’amendes majorées qui refont surface pour un total de près de 4 000 euros. Pour payer sa dette, l’étudiant prend des jobs d’été. Clin d’œil du destin ou justice immanente : lui qui passait au-dessus des tourniquets, il s’est retrouvé agent de sécurité, puis garde-barrière !

« Des clients pressés, c'est moins emmerdant que des clients qui chipotent »

De Châtelet à Auber, du 29 juin au 2 juillet

À chacun ses châteaux de la Loire ! Pour fuir la chaleur de plus en plus insoutenable dans le RER, j'ai décidé de prendre une petite semaine de « vacances » pour visiter les nombreuses boutiques des grandes gares parisiennes.

Je m'étais souvent demandé ce qui pouvait pousser les usagers à faire leurs emplettes dans ces endroits apparemment si peu destinés au shopping. Chloé, une jeune Asiatique qui tient la boutique de bijoux de la gare de Lyon, accepte que je passe quelques heures à ses côtés.

Il n'est pas encore 7 h 30. En short clair et claquettes roses, elle astique son magasin, remet en place une montagne de chouchous colorés, range ses vitrines de verre où reposent des colliers d'étoiles écarlates, des boucles d'oreilles vert émeraude et des pendentifs brillants.

« Travailler sur un quai de RER, ce n'est pas tout à fait la même chose que dans une boutique en surface, me prévient-elle. L'avantage, c'est que les ventes sont rapides. Il faut être très réactif devant des clientes pressées et déterminées. Elles entrent pour acheter, pas pour se promener ! Pour ce qui est du bruit, des annonces de gare, des trains et des passants, je me suis habituée. Pour le manque de lumière naturelle, c'est plus difficile ! »

Une cliente s'engouffre dans la boutique. Elle se décide en une fraction de seconde pour une paire de boucles d'oreilles. « Je suis sortie sans rien aux oreilles ce matin, minaude-t-elle. Je me sens toute nue, je n'aime pas ça ! » Elle ajuste ses deux petites perles et s'éloigne en trottinant vers son RER. Elle est rapidement suivie de deux autres femmes qui cherchent une « bricole » pour l'anniversaire d'une copine de bureau. Puis c'est une Noire élégante d'une cinquantaine d'années qui « en pince » pour un large collier rouge. « Je suis invitée à un mariage ; ce sera parfait, c'est la couleur de ma tenue. Je reviendrai demain avec ma Carte bleue. » Pour me montrer qu'elle est fidèle à la boutique, elle me montre des photos d'elle à une cérémonie où elle arborait un magnifique collier vert acheté ici même. « J'adore ça, les colliers, c'est si joli en été sur le décolleté ! »

Deux Roumaines en jupe longue pénètrent ensuite dans la boutique. Chloé, en alerte, veille sur ses chouchous : « Elles me volent des pinces et des élastiques parce qu'elles ont les cheveux longs ! »

Un homme fait maintenant irruption. Mohamedou, 38 ans, veut s'offrir une chaîne dorée. « Je passe chaque matin devant votre vitrine, dit-il à Chloé. Cela fait un moment que j'avais envie de me faire plaisir. Aujourd'hui, c'est l'occasion, car mon train a eu de l'avance ! » Chloé l'observe en souriant, puis me raconte que les hommes font souvent des choix un peu ridicules : « Au moins 80 % d'entre eux veulent absolument acheter des bijoux en forme de cœur. Ils entrent et demandent : “Vous avez des cœurs ?” À mon avis, les filles adorent ça à 13 ans, mais plus du tout après. Elles les portent parce que ça vient de leur amoureux, mais elles n'achèteraient pas ça. Certaines n'hésitent pas à échanger ! » La crise n'a pas épargné la petite boutique : « Avant, explique la vendeuse, quand les hommes faisaient des cadeaux à leur femme, ils achetaient toute la parure : collier, bracelet, bague et boucles. Maintenant, s'ils offrent le collier, c'est déjà beaucoup ! »

Quelques jours plus tard, gare du Nord, je fais la connaissance de Djamel, qui tient la boutique « Espace fleurs » au croisement du métro, du RER et des trains de banlieue. Une oasis au cœur d'un labyrinthe crasseux et grouillant. Djamel, un homme mince et souriant aux cheveux poivre et sel, est installé ici depuis trente-huit ans. « J'ai choisi cet endroit parce qu'il y a beaucoup de passage. C'est vivant, on ne peut pas s'ennuyer. Et puis, des clients pressés, c'est toujours moins emmerdant que des clients qui chipotent ! Aujourd'hui, regrette-t-il, il ne reste aux fleuristes que la fête des Mères et la Saint-Valentin. Il y a dix ans, le dimanche midi, les gens achetaient des bouquets à 200 francs pour leurs amis ; maintenant j'en vois se mettre à plusieurs pour acheter un bouquet à 5 euros. Heureusement que les femmes se sont mises à offrir des fleurs à leurs fiancés ! »

Un homme pressé d'une trentaine d'années se saisit au vol d'un bouquet de roses rouges. « Je cours prendre mon RER, je vais chercher mon épouse à Roissy. Elle revient d'Égypte, je ne l'ai pas vue depuis des mois ! » Un adolescent dépose délicatement un bouquet rouge sur la caisse. Djamel l'interroge : « Je mets une étiquette

“Je t’aime” sur le paquet ? » Réponse amusée du jeune homme : « Non, c’est pour ma tante ! »

Derrière lui, un Asiatique d’une quarantaine d’années patiente, un bouquet de marguerites à la main. « Je vous les cache, comme d’habitude ? » lui demande Djamel, qui agrafe le haut du paquet pour dissimuler les fleurs. L’homme s’éclipse à la hâte. « C’est un peu déconcertant la première fois, commente le fleuriste. Ce monsieur vient chaque semaine et ne veut pas que les autres voyageurs voient ses fleurs. Un jour, je lui ai demandé pourquoi. Il m’a planté là en laissant le bouquet et s’est enfui. Depuis, il est revenu et je ne lui pose plus aucune question. »

Selon Djamel, l’insécurité est de plus en plus prégnante à la gare du Nord. « On sent que ça se détériore. J’ai l’impression que ça peut péter à tout moment. Comme en 2007, quand il y a eu des émeutes. Il y avait des centaines de jeunes. Ils s’en prenaient même au mobilier et jetaient des trucs du deuxième étage. » Djamel me raconte aussi que deux jeunes femmes ont été violées à quelques mètres de sa boutique. « Une fois, c’est la police qui est venue m’interroger. La deuxième fois, c’est une gamine qui est arrivée en larmes, ses vêtements déchirés. C’est moi qui ai prévenu les flics. »

Le lendemain, à Auber, je me présente, en fin de matinée, sur le pas de la boutique de prêt-à-porter féminin de Michaël. Ce beau parleur accepte sans difficulté de me faire une petite place. L’heure de pointe est passée, nous tuons le temps en fumant des cigarettes, cachés entre deux portants de robes et de blouses à fleurs. « Mes clientes, m’explique-t-il, sont pour la plupart des femmes actives qui mettent à profit leur temps de transport. Ce sont des acheteuses compulsives. Ici, elles font moins de complications qu’à l’extérieur. Ça leur plaît, elles achètent rapidement, parfois la même chose en plusieurs couleurs. »

Une vendeuse qui travaille dans la boutique révèle son talent caché : « Au premier regard, je suis capable de déterminer si une femme va acheter quelque chose ! » Une cliente coiffée d'une épaisse queue-de-cheval s'empare d'une robe marinière. « Elle, c'est une vraie "acheteuse" », me murmure la vendeuse. Confirmation de l'intéressée : « Il n'y a pas d'heure ni de lieu pour faire du shopping. Avec les horaires de bureau, ce n'est vraiment pas facile de se faire plaisir. Moi, j'ai parfois des envies d'achat la nuit ! Ce serait bien qu'il y ait encore plus de boutiques dans les transports. »

À ses côtés, une femme d'une quarantaine d'années opine du chef : « Moi, j'ai constitué l'essentiel de ma garde-robe de bureau dans les couloirs du RER. Avec ma petit fille, je n'ai pas le temps d'aller faire les boutiques le samedi. Du coup, en passant, j'achète une robe par-ci, un foulard par-là. » Contrairement à Chloé, Michaël n'a jamais réussi à s'habituer au bruit. « En rentrant chez moi le soir, je ne veux plus rien entendre. Je n'allume surtout pas la télé, je m'allonge et je ferme les yeux pour me détendre. C'est difficile d'être en sous-sol. L'hiver, il m'arrive de ne pas voir la lumière du jour. » Sa collègue ajoute : « On respire aussi des saletés et, quand on se mouche, c'est tout noir ! Pas étonnant que certains nous appellent les rats d'égout ! »

Avec ceux de la « vieille école »

De Denfert-Rochereau à Roissy, lundi 5 juillet

« Encore ce p… de RER ! » semble grommeler Lorenzo en entendant le réveil sonner. Il est 4 heures du matin et j'ai décidé aujourd'hui de prendre le premier RER pour Roissy, qui part de Denfert-Rochereau à 5 h 18. Quand j'arrive – en taxi ! – devant la station, elle est encore fermée au public et je dois attendre, toute seule, qu'un agent de la RATP ouvre les portes. Je traverse des couloirs totalement vides où je n'entends que le bruit de mes pas. Difficile de s'imaginer que dans quelques heures des milliers de personnes vont y affluer. C'est l'occasion pour moi de laisser mon regard errer sur les murs, balafrés de fissures et de dégoulinures – fuites d'eau ou traces d'urine, allez savoir !

Voyeuse qui n'a rien à voir, je monte dans le premier train, où règne un silence si dense que j'ai peur de déranger mes quelques compagnons de voyage, tous plus ou moins assoupis. Certains ont même étendu leurs jambes sur la banquette opposée et se servent de leur manteau comme couverture.

Heureusement, trois hommes bien réveillés montent gare du Nord. L'un d'eux transporte des sacs qui débordent de manches de poêle et de casserole. David,

40 ans, m'explique qu'il vit dans une chambre d'hôtel, mais qu'il a trouvé un appartement tout près de son travail. Alors, il fait son déménagement en plusieurs fois et, chaque matin, apporte quelques affaires. Ses deux camarades sont Mohammed, un sexagénaire timide, et un homme plus jeune, visiblement très méfiant, qui ne veut pas me dire son nom.

Mais David parle pour trois. Il m'entretient longuement de ce qu'il appelle la « vieille école du RER », celle qui se lève aux aurores, celle des travailleurs. Ils se croisent tous les jours, des années durant, et se saluent courtoisement. À Aulnay-sous-Bois, alors qu'il accueille chaleureusement deux femmes d'une quarantaine d'années qui viennent de monter dans le train, il s'exclame : « Vous voyez ! Qu'est-ce que je vous disais : c'est l'ancienne école ! On se côtoie depuis longtemps, dans le respect et la politesse. Ce n'est pas la même chose à 8 heures, les jeunes vous piétineraient pour être à l'heure ! »

Je descends à Villepinte et cours m'engouffrer dans la voiture suivante. Derrière moi, cinq femmes bavardent gaiement en arabe. Dans la quiétude de ce début de matinée, leur conversation vive, incompréhensible, entremêlée de rires étouffés, éveille le wagon fatigué. Intimidées quand je les aborde, elles me murmurent tour à tour leurs prénoms : Zyneb, Mimouna, Zhora, Mina, Zara.

« Ne t'inquiète pas, ce n'est pas politique ! » glisse Mina à sa voisine, qui grimace en me voyant prendre des notes.

Elles portent toutes un fichu, sombre ou coloré, noué sous le cou ou derrière la tête, et restent debout, en rond, près des portes de sortie. Leur conversation les entraîne au Maroc, leur pays d'origine, puis roule sur les joies des unes et les tracas des autres. « Nous faisons chaque matin le chemin ensemble jusqu'à Parc-des-Expositions. Après, on ne travaille pas au même endroit », explique Zyneb. « Nous commençons la journée avec le sourire, lance Mimouna, encore bien timide. C'est mieux que d'être toute seule, non ? »

Elles travaillent toutes dans des entreprises de nettoyage et sont habituées à ces horaires décalés. « On n'a pas de diplôme, ma chérie, alors on n'a pas le choix, on fait le ménage ! » conclut Zhora tandis qu'elles descendent du train.

Je reste jusqu'au terminus, tourne un peu en rond à Roissy et repars vers la gare du Nord. Là, je commande mon petit déjeuner habituel : un café et un chausson aux pommes. À côté de moi, deux hommes discutent gaiement. L'un d'eux me raconte qu'ils se retrouvent tous les matins à cet endroit, car ils se lèvent très tôt pour faire leur prière : « Nous sommes très croyants et nous nous réveillons aux aurores. Nous sommes dans le même cas et nous nous sommes trouvés là par hasard. »

Les bataillons de voyageurs commencent à se masser devant le café-boulangerie. Sandalettes, vernis à ongles, chemises légères et robes courtes : ça sent bon l'été, ce matin !

La gare s'anime. Finie, la vieille école. Place aux barbares et à la loi de la jungle. Une rame s'immobilise. Moi aussi, je pousse discrètement et donne de petits coups de coude pour préserver un semblant d'espace vital. Je grogne même si nécessaire. Je me retrouve au milieu de la voiture, en pole position, pour me ruer sur la première place assise qui se libérera. Suis-je en train de me transformer en sauvageonne des transports en commun ?

La petite fille à l'éventail

Marne-la-Vallée, vendredi 9 juillet

En ce milieu d'après-midi, une chaleur suffocante accable les voyageurs du RER A en direction de Marne-la-Vallée. Limitant leurs gestes au maximum, ils ressemblent à des phoques échoués sur la berge. Économisant même leurs paroles, ils ne mouftent pas un mot. Seule une petite fille de 6 ou 7 ans se raconte une histoire à haute voix en s'éventant gracieusement avec un vieux prospectus. Elle agite ensuite son éventail de fortune en direction de sa mère, qui en sourit d'aise, puis d'un voisin, qui l'encourage : « Comme c'est agréable ! Merci beaucoup, mademoiselle, vous pouvez continuer. » Flattée, la gamine redouble d'efforts pour agiter son bout de papier.

« Ce serait super de mettre des petites filles comme ça dans le RER avec des éventails ! » lance alors un monsieur âgé, élégant sous son panama blanc. Amusés et surpris par cette amorce de dialogue, les autres voyageurs se mettent à rire. « Ah oui, mais ça prendrait de la place ! » rétorque un homme plus jeune, en jean et polo blanc, avec un clin d'œil à la fillette. Un Asiatique, sans doute un Japonais, s'en mêle :

« On pourrait les accrocher au plafond !

– Voilà une bonne solution contre le chômage ! » conclut une dame transpirante.

Le RER à la rescousse des gays de banlieue

Villiers-le-Bel, jeudi 15 juillet

Non contente de passer mes journées et parfois mes soirées dans le RER, je profite souvent de mes rares « dîners en ville » pour demander à mes amis s'ils n'ont pas, eux aussi, des « histoires de RER » à me raconter. Ainsi, Jeanne me rapporte qu'elle a été un jour menacée par un fou brandissant un cran d'arrêt. Éloïse, elle, a été pourchassée jusque chez elle par un fétichiste qui en avait après ses chaussures rouges. Louis me montre son carnet de notes dans lequel il consigne tous les retards sur sa ligne. Impressionnant ! Quant à Erwan, homosexuel, il me suggère de rencontrer de jeunes gays issus des banlieues : « Tu verras à quel point le RER est important pour eux. » Un de ses amis, Julien, est prêt à me rencontrer. Rendez-vous est pris pour jeudi en fin d'après-midi aux Halles.

Il est un peu plus de 18 heures lorsque le jeune homme arrive sur le quai du RER D, direction Orry-la-Ville. « Je connais très bien le D, commence-t-il d'une voix douce. Pour ainsi dire, j'ai l'impression de l'avoir toujours pris. J'ai grandi à Villiers-le-Bel, et j'y ai fait, comme d'autres, mes conneries de cité. La preuve : les policiers m'appelaient par mon prénom. Aujourd'hui encore, je prends ce RER deux fois par jour, matin et soir. Mais aussi le week-end, pour mes loisirs. »

Il évoque son adolescence dans un monde dur, macho, qui voue un véritable culte à la masculinité exacerbée. « Les premières fois où j'ai pris le RER, c'était ambiance "lascars". On partait en bande pour voir autre chose que la cité, où on croise toujours les mêmes gens, les mêmes flics. Comme beaucoup de jeunes, on avait besoin de prendre l'air, de sortir du quartier. C'était beaucoup d'amusement, un peu de provocation aussi. »

Julien a alors une quinzaine d'années et commence à prendre conscience de son homosexualité. Il ne peut en parler à personne et cherche un moyen de donner libre cours à ses désirs dans l'anonymat. « C'était le début des portables. Je tchatais par SMS avec des mecs de la région parisienne. Je me sentais en sécurité parce qu'il n'y avait aucune photo. » Le premier homme de sa vie lui donne rendez-vous à Vincennes. Pendant tout le trajet, il « flippe à mort ». A-t-il fait le bon choix ? Sur qui va-t-il tomber ? L'inconnu sera-t-il à son goût ? « J'ai stressé comme un fou. Mais ça s'est très bien passé. Il a été très doux et j'ai gardé un bon souvenir de ma première fois, même si on ne s'est jamais revus par la suite. »

Julien prend alors l'habitude de ces échappées en RER à la rencontre de ses amants d'un jour. De ces sorties-là, il ne dit mot à ses amis d'enfance. « C'était bizarre. D'un côté, dans la cité, j'étais le macho un peu blaireau, et de l'autre, lors de mes rendez-vous avec des mecs, j'étais tout timide, mais en fait davantage moi-même. Le RER faisait le lien entre mes deux univers. Sur le chemin du retour, j'avais le smile. Mais je me remettais toujours en mode macho ! » Julien donne le change, jouant aux jeux de garçons, sifflant les filles…

« T'es bien obligé ! Sinon, à la longue, ils commencent à charrier et à se douter de quelque chose. Moi, ça m'a protégé de connaître les codes de la banlieue. Des petites choses, notamment sur les regards, apprendre à les soutenir, mais pas trop longtemps. Il faut faire attention : les jeunes ne sont pas tolérants. Cela aurait même pu finir en violence. »

Plus tard, Julien a suivi ses parents, qui ont déménagé à Louvres. « Ce n'était qu'à trois stations de RER, mais tout était différent. Je me suis mis à côtoyer des jeunes qui parlaient bien et, de fil en aiguille, je me suis mis aussi à mieux m'exprimer et à travailler à l'école. J'ai décroché mon bac et mon BTS. Aujourd'hui, je suis manager d'une équipe d'informaticiens, j'ai acheté mon studio à Goussainville, toujours sur la ligne D ! C'est fou, ce que ça peut changer, quelques stations ! »

Julien, qui n'a toujours pas parlé de sa sexualité à ses amis de Villiers-le-Bel, a justement choisi de prendre un appartement pour pouvoir recevoir des hommes chez lui. « Après une soirée en discothèque, si je rentre accompagné, j'essaie de garder mes distances pour ne pas avoir de problèmes. On ne va pas s'embrasser ou ce genre de choses. C'est aux minorités de s'adapter. »

Il me raconte enfin qu'il connaît beaucoup d'autres adolescents qui empruntent le RER, incognito, pour aller vivre leurs premières expériences homosexuelles à plusieurs kilomètres de chez eux : « Ils cherchent surtout la discrétion, l'anonymat. Ils ont l'impression que c'est une question de survie. Il y a une très grande hypocrisie sur ce sujet dans les banlieues. Beaucoup de jeunes y souffrent de ne pouvoir vivre leur sexualité. Pour ceux-là, il n'y a pas beaucoup de solutions, il faut bien souvent partir. »

Binkuang et son étrange petit violon

Belleville, mardi 20 juillet

Avec l'avancée de l'été, je vois beaucoup d'usagers du RER commencer à prendre un léger hâle ; moi, je reste désespérément blanche. Une vraie « ratte d'égout » ! Partout, le bruit des valises à roulettes, et ces étrangers que j'aborde et qui me demandent sans cesse des informations touristiques.

Devant la sortie du métro Belleville, je tente de voler un petit instant de soleil alors que j'attends un musicien chinois avec qui j'ai rendez-vous. J'ai fait sa connaissance il y a quelques semaines à Châtelet-les Halles. Il était assis sur un petit tabouret, entre deux quais de RER, maniant gracieusement un instrument ressemblant à un violon à deux cordes. Entre deux morceaux, j'avais tenté d'engager la conversation. Il avait rougi et avait secoué la tête. Il ne comprenait pas le français. Même malaise lorsque j'avais essayé quelques mots d'anglais. Je lui avais alors tendu un papier sur lequel il avait noté son numéro de téléphone.

Une amie qui a vécu plusieurs années à Pékin m'accompagne aujourd'hui pour faire l'interprète. J'aperçois mon musicien qui remonte la rue du Faubourg-du-Temple. Son look n'est pas franchement passe-partout : cheveux longs jusqu'au bas du dos, chapeau noir enfoncé sur la tête.

Binkuang, puisque c'est son nom, nous raconte son arrivée en Europe, il y a huit ans : « Je viens de la province chinoise du Zhejiang. Je suis né dans une famille d'artistes, de musiciens et de marionnettistes. Là-bas, j'avais commencé à jouer dans une troupe, mais en Chine le sort des artistes est difficile. Avec ma famille, on a pensé que l'Europe était le continent de la culture, que je pourrais y vivre plus confortablement. »

Il obtient un visa de touriste, emballe marionnettes et instruments de musique traditionnels et atterrit en Allemagne. Après être passé par l'Italie et les Pays-Bas, il pose ses maigres bagages à Paris, là où, dit-il, il se sent le plus chez lui. Il habite dans un appartement de Belleville occupé par une famille d'immigrés chinois. Pour payer son loyer de 150 euros et subvenir à ses besoins, il se rend régulièrement dans le RER pour jouer de l'erhu, ce fameux « violon » à deux cordes.

Au début, le RER, c'était un « cauchemar ». Il se perdait des journées entières dans les méandres des gares et frôlait l'arrêt cardiaque dès qu'il croisait un uniforme. « Il faut du temps pour comprendre comment fonctionne le réseau, qui porte quelle tenue. Les contrôleurs, les policiers, les agents de sécurité, ils n'ont pas les mêmes uniformes, alors il faut pouvoir les distinguer ! C'est difficile aussi de se faire une place parmi les autres musiciens aux Halles. Tout le monde veut jouer là. Je ne comprenais pas comment ça marchait. Maintenant, si quelqu'un est déjà là quand j'arrive, je repars, tout simplement. Parfois, ce sont des groupes et ils nous forcent à partir. On s'incline : ils sont plus nombreux ! »

Mais Binkuang persévère, car c'est sur ce quai qu'il faut jouer : « C'est un bon endroit. Les touristes donnent beaucoup et ils passent souvent par Châtelet. Cela me permet de gagner 30 ou 40 euros en jouant cinq ou six heures. »

Aujourd'hui, Binkuang ne se perd plus dans les couloirs du RER, mais il souffre de ne pouvoir communiquer avec les voyageurs : « Ils me laissent souvent leur carte. Il y a des producteurs, des artistes, des étudiants… Mais je ne rappelle jamais à cause de la langue. Il faut vraiment que je fasse des progrès ! » Sa consolation ? Il est persuadé de jouer chaque jour face au « meilleur public du monde ». Du bout des lèvres, il avoue quand même avoir de plus en plus souvent la nostalgie de son pays natal. Mais, s'il rentre maintenant, il craint de décevoir sa famille. « Mes proches croient à un avenir meilleur pour moi, ici en Europe. Et puis, avant de rentrer, il me faut au moins 6 000 euros, pour le billet et pour tous les cadeaux… »

« Dans ma tête, j'ai vu écrit le mot "bombe" »

Saint-Michel, dimanche 25 juillet

Sale temps. On se croirait début avril. Je ne vais quand même pas ressortir mon manteau noir ! En plus, c'est une journée maudite dans les transports : il y a dix ans s'écrasait le Concorde ; cinq ans auparavant, une bombe explosait dans le RER B, à Saint-Michel.

Dans sa maison de Yerres, sur la ligne D, Arlette, une femme frêle et chaleureuse âgée de 54 ans, accepte de raconter, pour la millième fois peut-être, cette fin d'après-midi du 25 juillet 1995. « Je suis sortie du travail. Il était environ 17 heures et j'avais hâte de retrouver mes deux enfants. Quand je suis arrivée aux Halles, par chance, un RER attendait sur le quai. J'ai hésité entre deux voitures, et sûrement à cause de l'affluence j'ai choisi celle de droite. » Mais Arlette ne trouve pas de place assise. Elle se tient debout, face à la porte. Lorsque sa rame entre en gare de Saint-Michel, elle perçoit une lumière vive sur le quai, puis entend une détonation assourdissante. « On reconnaît ce bruit. D'habitude, on ne l'entend qu'à la télévision. Je crois que je suis restée immobile, je n'ai pas crié. Dans ma tête, j'ai vu écrit le mot "bombe". »

La voiture est plongée dans le noir. Soudain, un voyageur hurle : « C'est une bombe ! »

« Une fumée noire très épaisse a envahi le wagon. J'ai alors eu l'impression de mourir étouffée. Je n'ai pas compris tout de suite que les vitres du RER avaient volé en éclats. Je ne l'ai réalisé qu'en voyant les autres enjamber ce qui restait de la fenêtre. »

Arlette suit machinalement les usagers qui s'extirpent de la carcasse endommagée. La bombe a explosé dans la voiture juste derrière la sienne. Celle-là même où, quelques minutes plus tôt, elle avait failli s'engouffrer. Partout, sur les quais, dans les escaliers, des scènes de guerre. Elle passe près du corps d'un adolescent qui gît sur le sol. Dans les escaliers, elle grimpe les marches derrière une femme dont la robe est en feu. « Elle était pieds nus, ses jambes ruisselaient. À chaque pas, elle laissait sur le sol une empreinte ensanglantée. En haut des escaliers, il y avait cet homme en slip, un trou béant dans le mollet ! »

Dans les couloirs de la station, déboussolée, elle ne trouve plus le chemin de la ligne C, qu'elle doit emprunter pour rentrer chez elle. « J'étais tellement perturbée que j'ai été obligée de demander mon chemin. Je faisais pourtant cette route tous les jours ! Sur le quai du RER C, je me suis retrouvée avec un autre petit groupe qui sortait de cet attentat. Les gens qui ne savaient pas ce qui s'était passé nous dévisageaient. On devait parler très fort ! »

De retour chez elle, Arlette est accueillie par les cris de stupeur de sa fille de 15 ans : « Elle sortait du bain. Quand elle m'a vue, elle a hurlé : "Maman, tu as plein de sang !" Ce n'était pas le mien, mais celui d'autres victimes. Plus tard, j'ai aussi remarqué que j'avais des traces de doigts imprimées en bleu sur le bras. Pendant l'explosion, quelqu'un s'était agrippé à moi et je n'avais rien senti. »

Dans la soirée, Arlette consulte son médecin en urgence. « Mon tympan saignait. Petit à petit, j'ai compris que j'entendais beaucoup moins bien d'une oreille. Le docteur m'a donné quelques médicaments et un arrêt de travail. J'ai passé la soirée devant la télévision, comme un zombie, à côté du téléphone qui n'arrêtait pas de sonner. »

Le lendemain matin, Arlette se lève et reprend, comme si de rien n'était, la route du RER. « Évidemment, j'avais peur, mais je sentais que si je restais chez moi en congé-maladie, je ne reprendrais plus jamais les transports en commun. Cela a été un excellent réflexe ! »

Ensuite est venu le temps de l'enquête, des médias, du procès. Arlette raconte et revit l'attentat à chaque fois. Elle écoute aussi les témoignages des autres victimes – « cette boule de feu qui a traversé la voiture où a eu lieu l'explosion », « l'odeur intenable », « Véronique, 27 ans, assise sur la bombe », « cette femme qui a croisé le regard de Boualem Bensaïd, le poseur de la bombe, et s'est suicidée par la suite », « Josiane, une jambe en moins, évoquant sa féminité perdue »...

« Cet attentat, conclut Arlette, a bouleversé ma vie. Je ne remets plus rien au lendemain. Même pour offrir un cadeau d'anniversaire ou un brin de muguet, il m'arrive d'être en avance... »

« Ça va partir en vrille ! »

RER D, mercredi 11 août

En face de moi, dans le RER D nord qui file vers Paris, deux garçons d'une vingtaine d'années bavardent tranquillement. Le premier, un grand Black, porte un diamant à l'oreille. Le second, plus petit, a la peau mate et des yeux rieurs. J'entre tout de suite dans le vif du sujet : cette ligne est-elle vraiment dangereuse ? « Et comment ! me répond John, le plus grand. C'est même la plus dangereuse. Il y a de la baston entre quartiers, ça pète souvent, dans les trains comme dans les gares ! »

Ils m'ont l'air d'être bien au courant. Ont-ils déjà assisté à ces bagarres ? Ils échangent un regard complice et éclatent d'un rire moqueur : « Bien sûr ! On était même au cœur de l'action ! On se donnait rendez-vous pour se battre dans les RER. On venait armés, on planquait même des tournevis et des couteaux de cuisine. Vous, les journalistes, vous parlez des bagarres quand il y a un mort, mais, en dehors de ces cas graves, les jeunes d'une quinzaine d'années se battent souvent dans les trains ! »

Un peu naïvement, je demande à John pourquoi les affrontements ont si souvent lieu dans les transports. Il hausse les épaules : « Je vais parler du RER D, parce que je le connais bien. J'ai habité à Sarcelles et à Fosses. Ce RER traverse des villes rivales, qui sont parfois en guerre. Les mecs de Sarcelles vont croiser ceux de Pierrefitte ou de Villiers-le-Bel et ça va partir en vrille. Autre exemple classique : toutes les bandes de jeunes vont traîner aux Halles ou à la gare du Nord. Ils vont se rencontrer par hasard, se provoquer et déclencher une bagarre. Il arrive aussi que certains se donnent carrément rendez-vous dans un RER pour se battre. Depuis quelque temps, il y a beaucoup de policiers sur le réseau, du coup les embrouilles se reportent dans les quartiers ou dans les centres commerciaux. C'est souvent pour des raisons débiles : une histoire de filles, un regard de travers, des affaires de fric… »

C'est aussi ce que m'avait expliqué Philippe, un autre usager de la ligne D rencontré à la gare de Pierrefitte-Stains. Cet agent de sécurité trentenaire m'avait amusée, car il était en train de se rouler un joint sur le quai et un coup de vent avait fait s'envoler la précieuse mixture. Il m'avait raconté qu'il était difficile pour les jeunes des cités de se promener seul dans le RER. Si l'un d'eux décidait d'aller rendre visite à sa petite copine dans une autre ville, il pouvait être agressé par des garçons d'une bande rivale. C'est souvent comme cela que naissaient les gangs et que débutaient de nouveaux cycles de vengeance et de violence absurdes.

John, qui ambitionne de percer dans la musique, se souvient de la visite de Nicolas Sarkozy en 2008 à Sartrouville. « Il était près de la gare. Des jeunes sont venus lui dire qu'ils n'avaient pas de boulot. Moi, je lui ai dit : “Je n'ai pas besoin de vous. Mais ne restez pas là, allez plus loin, dans les cités. Il n'y a rien à voir à la gare !” »

John me décrit, goguenard, la façon dont les médias suivaient massivement le président. « Ils étaient tous là derrière lui ! Ils étaient là pour lui, pas pour savoir ce qui se passait en banlieue ! Moi-même, j'ai été interrogé par des journalistes. Ils m'ont posé des questions sur ce qu'on faisait, ce qu'on attendait de la visite. Le soir, j'ai écouté la radio, ils parlaient de moi, j'étais mort de rire. Tout ce qu'ils ont trouvé pour me décrire, c'est "un grand Black avec un diamant dans l'oreille" ! »

Je n'ose pas relire mes notes : je sais que j'y retrouverai la même description…

« Are you from the government ? »

Gentilly, vendredi 20 août

Première journée ensoleillée de la semaine. À la gare de Gentilly, au sud de Paris, je croise le regard sombre d'un jeune vendeur à la sauvette. Debout près de ses cagettes de cerises, il adresse de larges sourires à ses clients et lance à la volée quelques phrases bredouillées en français. Il est très beau, particulièrement souriant, et dégage quelque chose de très émouvant. Je décide de rester un peu à l'ombre auprès de lui. J'essaie d'entamer la conversation. Son sourire s'estompe, ses yeux noirs se détournent et il murmure, craintif :

« *Are you from the government ?*

– Non ! J'écris un livre. »

Je sors un vieux bloc corné, une carte de presse. Mes doigts maculés d'encre et mon stylo qui fuit le font sourire. Plus détendu, il évoque, dans un mauvais anglais, ses difficultés avec les policiers : « S'ils arrivent, je dois tout remballer en vitesse. » Me montrant ensuite un formulaire qu'il vient de sortir de sa poche, il m'explique qu'il vient de déposer une demande d'asile.

Maintenant tout à fait à l'aise, il me raconte sa vie. Saïd, 25 ans, est arrivé du Bangladesh il y a quatre mois et partage un appartement à Pantin avec sept autres compatriotes. Tous les jours, à partir de 14 heures, l'un d'eux, un homme plus âgé qu'il appelle son « ami », prend sa camionnette blanche et les dépose tous, un à un, avec leurs barquettes de cerises, devant les différentes gares de la ligne B. À 22 heures, il vient récupérer toute l'équipe. Saïd, qui ne sait pas d'où vient la marchandise, précise qu'il vend ses barquettes 2 euros et qu'il gagne entre 20 et 35 euros par jour. Près de lui, je remarque un garçon d'à peine 20 ans qui se tient, grave et silencieux, derrière l'étalage de fortune. « Il est en formation pendant quelques jours, m'explique Saïd. Dans une semaine environ, il aura une place à lui dans une autre gare. »

Quant à lui, dans deux ans, s'il n'a pas trouvé un meilleur travail, il rentre au Bangladesh. « Mais si j'ai le courage de rester dix ans, j'aurai le droit d'avoir de vrais papiers d'identité. Alors, la France sera vraiment mon pays. »

Appuyé contre les portillons du RER, il me montre maintenant, sur le fond d'écran de son téléphone portable, la photo d'une jolie brune aux traits encore enfantins, coiffée d'un voile bordeaux transparent. « Elle est belle, non ? Nous n'avons pas pu nous marier. Mes parents n'ont pas voulu. C'est trop tard, maintenant. » Je comprends qu'elle en a épousé un autre. « C'est aussi pour ça que j'ai fait le voyage jusqu'ici. Pour tout oublier. »

La carte de Tendre des amants du RER

Étoile-Auber-Luxembourg, mardi 24 août

Une robe orange qui s'enflamme sur un costume de lin noir, une main sur une épaule : telle est la première image que j'ai d'un couple d'amoureux surpris, comme encastrés l'un dans l'autre, à Charles-de-Gaulle - Étoile. À quelques semaines de la fin de mon aventure, je n'ai pas encore rencontré d'amants donnant autant l'impression d'être seuls au monde au milieu de la foule du RER. Je suis partagée. J'ai envie de les interroger, d'en savoir plus sur eux, sur leur liaison. Sont-ils mariés ? Se connaissent-ils depuis longtemps ? Comment se sont-ils rencontrés ? Prennent-ils souvent cette ligne ou est-ce une simple escapade amoureuse ? J'ai peur aussi que mon intervention ne vienne briser le joli spectacle, suspendu dans le temps, de leur étreinte. Le sens du devoir et la curiosité l'emportent. Discrètement, en me recroquevillant, en me tordant les mains, je leur sors ma rengaine habituelle : « Bonjour… journaliste… livre sur le RER… votre aventure… quelques minutes à m'accorder… »

Ils échangent des sourires amusés. Je suis étonnée par leur âge. Je les pensais trentenaires, ils ont une vingtaine d'années de plus. Ce qui les rend peut-être encore plus beaux. Ils acceptent de me parler, mais en posant quelques conditions : pas plus de cinq minutes, interdiction de dévoiler leurs vrais prénoms et le lieu de leurs domiciles conjugaux respectifs. Ne pas les décrire trop précisément non plus ! « Nous ne sommes pas mariés ensemble, mais nous le sommes tous les deux, à côté… Vous voyez ? » m'explique d'une voix douce celle que nous appellerons Emmanuelle, et dont nous nous contenterons de dire qu'elle ressemble diablement à Nathalie Baye. Quant à lui, Luc pour la circonstance, il a un petit air de Gérard Lanvin.

Il y a encore un an, Emmanuelle ne prenait jamais le métro et encore moins le RER. Mariée depuis plusieurs années, elle ne se déplaçait qu'en voiture. Tout a changé ce jour de printemps où elle a retrouvé par hasard Luc, un ami d'enfance également marié et dont elle est tombée très amoureuse. « Cette rencontre, explique-t-elle, espiègle, a été comme un mini-miracle. Nous vivons de part et d'autre de la capitale, et Paris intra-muros est le terrain de nos amours secrètes. »

Au début de leur romance, Emmanuelle rejoignait Luc en voiture. Puis elle a réalisé qu'elle « gaspillait un temps rare et précieux ». Alors, comme son amant, elle s'est mise aux transports en commun. « J'ai très vite compris l'intérêt du RER : c'était archi-rapide ! Aujourd'hui, je connais ses lignes, ses correspondances. J'arpente ses couloirs à toute allure, le cœur battant, agacée par ceux qui me retardent ! En plus, j'aime beaucoup le prendre avec Luc. Le RER, c'est du quotidien, justement ce que nous ne pouvons pas vivre ensemble. »

Les amoureux se retrouvent toujours à la sortie des gares RER. Luc, de sa belle voix grave, précise : « Nous pourrions nous retrouver dans un café proche, mais c'est une manière de ne pas perdre un instant. Je l'attends souvent en haut des escalators. »

Pour le couple, chaque station évoque un chapitre de leur histoire. Je me fais toute petite et les écoute dévoiler la carte de leurs amours. Luxembourg ? Ce sont les premiers jours, leurs premières étreintes et leurs baisers timides dans le jardin. « Nous avons quitté ce quartier, car il était également fréquenté par nos enfants respectifs », précise Luc. À la station Étoile, il y a le banc sur lequel ils aiment s'attendre, face à la sortie du RER. « Il y a toujours des Japonais qui y sont assis. J'aime bien les déranger et m'asseoir près d'eux », sourit Emmanuelle.

Châtelet, c'est l'hiver, emmitouflés, des bisous frissonnants à Saint-Eustache et des fous rires autour d'un chocolat chaud. Étoile, les rendez-vous d'été, « robes légères et mains baladeuses ». Il y a aussi leurs gares maudites, comme celle d'Auber. C'est là qu'un jour d'hiver ils avaient décidé de rompre et étaient repartis, chacun de leur côté, le cœur gros. « Nous avons décidé que cette station ne nous valait rien. Et nous ne nous y sommes plus jamais donné rendez-vous. »

La gare du Nord symbolise le départ pour leurs excursions à Montmartre. Emmanuelle explique : « C'est aussi là que nous devons nous quitter : nous nous embrassons vingt fois sous les panneaux d'information. Nous nous séparons pour revenir aussitôt sur nos pas pour une dernière étreinte. Quelquefois, nous prenons la même ligne de RER, mais dans des directions différentes, et nous nous retrouvons face à face de part et d'autre de la voie. Un jour, j'ai vu Luc se mettre à courir sur le quai d'en face et disparaître dans les escaliers, et soudain il était de nouveau derrière moi. »

À bord du train fou

Gare de Lyon-Melun, vendredi 3 septembre

Je n'y croyais plus. J'avais entendu plusieurs fois parler d'un « train fou » reliant Paris à Melun et à l'intérieur duquel des habitués s'en donnaient à cœur joie, fumant, dansant, buvant et d'autres choses encore. Mais impossible jusqu'alors d'avoir des renseignements plus précis. Enfin, la semaine dernière, un agent de la surveillance générale m'a parlé de cette « bande de joyeux lurons » qu'il croise parfois, en patrouillant, dans la première voiture d'un train quittant la gare de Lyon vers 17 heures pour Melun.

Bien sûr, ce vendredi en fin d'après-midi, je suis au rendez-vous. Sur le quai, un groupe de copains s'embrassent, s'interpellent et se taquinent devant la porte du wagon. Je demande à une femme aux cheveux courts et aux lunettes à fine monture – une dénommée Babette – le pourquoi de cette fête improvisée. « Oh, ça fait des années qu'on prend ce train ensemble ! Certains sont là depuis onze ans. Il y a aussi souvent de nouvelles têtes. On s'est approprié la première voiture du train. C'est un peu chez nous ! »

« Lolo », un trentenaire coiffé d'une casquette, m'invite à entrer dans le compartiment tout en me prévenant :

« Attention, il y a deux clans : les jeunes et les vieux ! Mais on s'aime bien, on se chamaille comme ça, pour rigoler. »

Le RER démarre. Les « jeunes », une dizaine environ, s'installent au fond de la voiture, la cigarette au coin des lèvres, alors que les « vieux », un peu moins nombreux, prennent place au centre de la voiture. Je m'introduis dans le second groupe. Michel, un homme brun, volubile, me raconte la naissance de leur amitié. « Nous nous sommes parlé naturellement. Dans un train, une relation amicale peut naître très simplement. Il suffit que quelqu'un fasse tomber quelque chose. Babette et Véro, par exemple, elles ont commencé à discuter il y a dix ans ! »

Babette secoue un sac aux couleurs pastel rempli de bonbons de toutes sortes. « Qui en veut ? » clame-t-elle en faisant circuler son ballotin. Quelques trentenaires arrivent, se servent en sucreries et offrent des sachets de thé parfumé à la menthe ou au gingembre.

Dans cette voiture, tout est prétexte à s'amuser. « Nous fêtons les saints, Noël, et même Halloween », précise Michel. Les jours d'anniversaire, un des convives se charge de l'alcool et du jus d'orange, un autre des présents. « On s'offre toujours un cadeau un peu spécial, généralement orienté cul, et un autre plus sérieux », poursuit Michel. Ainsi, Véro, assise près de la fenêtre, a reçu simultanément le « robot blender », mixeur dernier cri dont elle rêvait, et un diadème surmonté de testicules. Elle s'exclame :

« Le jeu, c'est de se promener avec ça sur la tête dans tout le wagon !

– Moi, se rappelle Michel, hilare, ils m'avaient offert une poupée gonflable. »

Il fait maintenant circuler un paquet de photographies sur lesquelles on voit des clients d'un restaurant coréen dîner dans des récipients en forme de cabinets…

Dans le fond du wagon, la « bande des jeunes » est encore plus agitée. Alcool et cigarettes circulent. À tour de rôle, Babette et Véro viennent s'en griller une. Pour les benjamins du RER, c'est un peu une deuxième maison. « À un moment, on était une petite trentaine. Il y a même eu des couples qui se sont formés dans cette voiture. C'est chouette que toutes les générations cohabitent et s'entendent bien », commente Laurent, un des plus anciens. Selon lui, le fait de voyager en groupe est aussi rassurant. « Personne ne peut être agressé dans cette voiture. C'est la nôtre, nous y avons créé une ambiance différente. C'est mieux que de déprimer chacun dans son coin en s'énervant parce que le train a cinq ou dix minutes de retard. »

D'accord, on est plus proches de *La croisière s'amuse* que des voyages à thème pour les abonnés du *Monde*, mais je dois avouer que j'ai rarement connu une telle ambiance dans les transport en commun !

Roger se souvient des machines à vapeur

Boissy-Saint-Léger, mercredi 15 septembre

« Avant le RER, cette ligne s'appelait la ligne de la Bastille. Il y avait des machines à vapeur, de grosses bêtes un peu effrayantes. » Il raconte bien, Roger ! Grand et chic avec son épaisse chevelure blanche qui lui donne un air doux et bienveillant, il paraît beaucoup plus jeune que ses 71 ans. Je l'ai rencontré à Boissy-Saint-Léger et lui ai demandé de me raconter « comment c'était avant ».

« Quand j'étais petit, poursuit-il, Boissy, c'était la campagne. La gare était minuscule : un guichet et une salle d'attente. Quand on y entrait, on était saisi par une odeur bien particulière, mélange d'huile et de fumée. » En regardant la gare actuelle, avec son parvis, son hall d'accueil et ses portillons automatiques, j'ai du mal à me représenter la « petite halte » en pleine campagne qu'évoque Roger.

« Ado, j'empruntais la ligne de banlieue pour aller au lycée, à Saint-Maur. Il fallait franchir des marches pour accéder aux wagons et les portes étaient lourdes : on avait peur qu'elles nous retombent sur les doigts ! Ensuite, c'était la fumée, les escarbilles. On n'avait pas intérêt à laisser les fenêtres ouvertes dans les tunnels, sinon, à la sortie, nous étions tout noirs ! Et les sièges en bois qui nous paraîtraient aujourd'hui si inconfortables ! »

Je me souviens que, le mois dernier, Geneviève, 74 ans, une femme plutôt menue au regard vif, m'avait aussi parlé des « premiers trains rapides » dans lesquels « on ne pouvait plus monter quand ils démarraient ». « Avant, m'avait-elle expliqué, on voyait les gens courir, courir… et attraper le train qui démarrait doucement. Moi-même, je me livrais à ce genre de sport. Lorsque les "rapides" sont arrivés, j'ai voulu essayer de monter après le départ. Mal m'en a pris : je portais ce jour-là une jupe de tailleur très étroite et j'ai loupé une marche. Heureusement, deux anges gardiens m'ont rattrapée au vol et m'ont aidée à monter. »

La fréquence des trains n'était pas la même non plus. « Aujourd'hui, remarque Roger, les gens voudraient que le train soit là dès qu'ils arrivent sur le quai. À l'époque, il y en avait quelques-uns le matin et le soir, mais rien l'après-midi. Si on finissait les cours à 15 heures, il fallait attendre le train de 16 h 45, alors on allait au café ou jouer au ping-pong. C'était un peu la rigolade. »

En quittant Roger, je fonce à la bibliothèque du Centre Georges-Pompidou pour en savoir plus sur l'histoire de ce RER. Je me plonge dans les quotidiens du début du mois de décembre 1977 : près de six ans avant ma naissance ! Tous relatent l'inauguration du RER par le président de la République de l'époque. Les photos montrent un Valéry Giscard d'Estaing jeune, élégant, hautain même, accompagné d'un Jacques Chirac – alors maire de Paris – raide, « militaire », déterminé.

Je visionne ensuite le « 20-Heures » d'Antenne 2 : Patrick Poivre d'Arvor l'ouvre sur les images de Giscard debout dans la cabine, prenant lui-même les commandes de la rame inaugurale Auber-Noisy. « Le chef de l'État a, paraît-il, bien conduit, mais a freiné un peu durement de temps en temps », commente le jeune journaliste. La chaîne propose ensuite une visite de la nouvelle gare des Halles : « Ici, tout est à l'image du gigantesque et du futur. »

L'Express note qu'il ne faut plus que « six minutes seulement pour le tronçon central gare de Lyon-Auber. Contre vingt-trois jusqu'ici ! ». Dans *L'Humanité*, Marcel Imberti, mineur-boiseur, se demande : « Est-ce qu'on y pensera, à ceux qui ont fait le trou, dans la boue, la poussière et le danger ? Dans une atmosphère irrespirable et dans l'infernal boucan des petits camions déblayeurs et des pistolets ? » *France-Soir* s'enthousiasme : « Le RER est au métro, toutes proportions gardées, ce que le "jet" est à l'avion à hélices. » Et de donner la parole aux usagers : « Je me lève tous les jours à cinq heures et demie, commente Geneviève, une habitante de Fontenay-sous-Bois. Je prépare ma fille aînée Béatrice, 9 ans, puis je conduis à la crèche sa petite sœur, Cécile, 15 mois. Il me faut un quart d'heure à pied. À 7 h 30, je prends l'autobus 118, toujours archi-bondé, jusqu'au métro Château-de-Vincennes. De là, je vais à l'autre bout de Paris jusqu'à Champs-Élysées - Clemenceau, où je change pour descendre à Miromesnil, et j'ai encore 10 minutes de marche pour arriver à mon bureau. [...] À partir de vendredi, de la gare de Fontenay, le RER me mettra directement à Auber, où après une seule correspondance je ne serai plus qu'à deux stations de Miromesnil. J'ai calculé que je vais gagner au moins une heure par jour, aller et retour. » Jacques, habitant d'Antony, gagnera « seulement » trente minutes. Et mauvaise nouvelle pour ce fumeur impénitent : la cigarette sera interdite dans le RER !

Enfin, je tombe sur un titre du *Figaro* qui peut faire bien rire rétrospectivement : « Il n'y a plus de banlieue. »

Épilogue

Mardi 21 septembre

Assise dans la ligne B à côté de mon amoureux, je file vers la gare du Nord pour aller dîner chez mes parents. Il y a presque un an, je revenais de mon voyage initiatique avec Colette à Bourg-la-Reine. Depuis, j'ai vécu quatre saisons au rythme du RER. Je commence à m'habituer à lui, comme à une vieille bête qui traîne souvent la patte au démarrage et s'arrête parfois sans crier gare.

Je ne dis pas que je suis mécontente d'en avoir fini et de ne plus être obligée de passer des heures dans ces lieux souvent glauques et sales. Combien de fois me suis-je bouché le nez en grimaçant ? Combien de fois ai-je craint d'atterrir aux urgences, assommée par un coup ?

Et pourtant, que le voyage fut riche ! Surtout quand je parvenais à entrer, même furtivement, dans la bulle que chaque usager crée autour de lui, comme un cordon sanitaire, pour se protéger des autres. Il y en a eu des chaleureuses, des loufoques, des nostalgiques, des angoissantes, des paumées, des impénétrables. Je pense aux octogénaires énergiques, aux amants d'un soir, au « fantasmeur », au clochard mélomane, à « Tata

RER », aux « graffeurs vandales », aux policiers et à leurs rêves de GIGN, aux « rats d'égout » et à tous les autres. Avec eux, j'ai vécu des centaines d'histoires. Pour être vraiment certaine d'être une voyageuse comme les autres, j'aimerais maintenant qu'une femme surgisse, un bloc-notes à la main, et nous assaille de questions, Lorenzo et moi. Juste comme ça, parce qu'elle écrit un livre sur le RER.

Tout est bel et bien terminé. Mais, déjà, je sais que je ne prendrai plus jamais le RER de la même manière.

Nous descendons gare du Nord. Sur le quai de la voie 43, j'aperçois Kaliu. Il est de retour après plusieurs semaines à Bucarest, et il n'est plus seul : à ses côtés, une jeune fille brune tient un tambourin. Avec un grand sourire, il me dit qu'ils se sont mariés cet été.

Près de moi, une femme très belle, vêtue d'un sari indien, arbore un point rouge sur le front. Je ne sais plus ce que cela signifie. J'ai envie de lui poser la question, de savoir d'où elle vient, où elle va. Plus loin, deux adolescentes commentent la photo d'un garçon sur un téléphone portable. Je tends l'oreille pour mieux entendre leur dialogue. Lorenzo se tourne vers moi :

« Tu ne dis rien ! À quoi tu penses ?

– Chut, j'écoute !

– Mais c'est fini, le RER, mon amour ! »

Remerciements

Un grand merci à José-Alain Fralon, à l'origine de ce projet, qui m'a accompagnée tout au long de sa réalisation. À Nicole Gauthier pour sa confiance. À Manon Aubel, Ratiba Hamzaoui, Pierre-Louis Lensel et Mathilde Morandi pour leur soutien. À Antoine Debièvre pour son aide. Merci aussi à la brigade des réseaux ferrés, aux contrôleurs de la ligne D, aux équipes des médiateurs de Promévil pour leur accueil chaleureux. Merci, enfin, à tous ceux qui ont accepté de faire un bout de RER avec moi.

Index des stations

Table des matières

Automne

Hiver

Printemps

Été

Photocomposition Nord Compo
Villeneuve-d'Ascq

Pour l'éditeur, le principe est d'utiliser des papiers composés de fibres naturelles, renouvelables, recyclables et fabriquées à partir de bois issus de forêts qui adoptent un système d'aménagement durable.
En outre, l'éditeur attend de ses fournisseurs de papier qu'ils s'inscrivent dans une démarche de certification environnementale reconnue.

Cet ouvrage a été imprimé
par CPI Firmin-Didot
Mesnil-sur-l'Estrée
pour le compte des Editions Fayard
en septembre 2011

N° d'édition : 36-57-0704-1/01 - N° d'impression : 106385
Dépôt légal : septembre 2011
Imprimé en France